VS Booklet 2

価値という思考

國部克彦

神戸大学出版会

はしがき

社会の不確実性が強まれば強まるほど、新たな価値創造の重要性は高まります。なぜなら、不確実な状況のもとで、私たちの世界を支えている既存の価値や価値観が揺らぎだすので、それに代わる新しい価値が求められるようになるからです。しかし、価値や、それを生み出す価値創造に関しては、その重要性に比べて、これまで研究も教育も十分に発展してきませんでした。そのことが、現代社会の閉塞感を招いている原因の一つとも言えましょう。

神戸大学では、このような価値創造教育の重要性とその社会的ニーズに応えるために、二〇二〇年四月にバリュースクール（通称・V.School）を設置し、私は初代のスクール長に就任しました。価値や価値創造は、大学のすべての部局に共通のテーマでしたが、あまりにも多様でもあるため、共通の理論や教育方法は構築されていませんでしたが、V.School の目的に共感した教員が全学から集まり、試行錯誤を繰り返しながらこれまで教育活動を展開してきました。

これは学生にとっても同じで、価値や価値創造という言葉は誰でも知っていますが、それがどのようなことで、どのようにすれば実践できるのかは誰もよく分かっていない状況でした。それでも、PBL（Project-based Learning）やフィールドワークなどで経験を積みながら、教員である私たちと一緒に価値を考え、具体的な価値創造を実践してきました。

V.School は新しいスクールなので、学生間での価値に関する共通の理解が必要になります。しかし、「これが価値である」と教えるのは、価値の持つ本質的な創発性を考えれば、最も価値創造から遠い方法です。そうではなく、学生目線で、彼/彼女らの経験を通じて、今考えていることの少し先を見通せるように指導することが求められます。そうすれば、おぼろげながらでも価値を感じられるようになります。

V.Schoolでは、いろいろな教育プロジェクトを展開していますが、スクール長の時は、私もできるだけ出席して学生と議論するように努めてまいりました。しかし、授業やセミナーだけでは議論する時間が限られていますので、Slackで「スクール長ダイアログ」というチャネルを作って、授業の感想から価値や価値創造の本質的な思考について、学生たちに語り掛けるようにしました。そこで学生や教員、職員と熱い議論を闘わせることもしばしばありました。

本書は、二〇二〇年四月から十二月ころまでに、この「スクール長ダイアログ」に掲載した原稿をもとに、当時の授業に関する具体的な言及を削除し、二〇二三年現在の視点から若干の修正を試みたうえで書籍化したものです。書籍化にあたっては、元の原稿の発表順ではなく、内容ごとに新たに章に分け、「価値と世界」（第1章）、「価値と創造」（第2章）、「価値と教育」（第3章）、「価値と社会」（第4章）の4章立てにしました。第1章では価値の本質について哲学的に論じ、第2章では社会科学的な視点を加味して実際の価値創造の場面を検討しました。第3章ではそのための教育について論じ、第4章は実践編として、日々の社会問題を価値創造の観点から議論しました。なお、当時の原文は、情報発信サイトnoteのV.Schoolのページで今でも読むことができます。書籍化に適さないと思ったコラムは本書に収めていないので、興味を持たれた方はこちらも参照して頂けると幸いです。

私は、二〇二二年四月に神戸大学大学院経営学研究科長に就任することになったので、スクール長は二年で退任しましたが、V.Schoolの協力教員は今も続けています。価値創造は経営学研究科にとっても、非常に重要な課題で、V.School時代にいろいろ考えてきたことを経営学研究科の場でも実践しています。このようにしてV.Schoolで育んだ価値創造の種は、スクール以外でも様々な場所で花開きつつあるので、本書がそのささやかな一助になればこれほど嬉しいことはありません。

本書の作成にあたってはV.Schoolの祇園景子准教授から親切な助力を得ました。記して謝意を表したいと思います。

二〇二四年一月十日

國部克彦

価値という思考

1 価値と世界

1 日常生活における心の豊かさ

語りえぬもの

私が「日常生活における心の豊かさ」について初めて真剣に考えたのは、神戸大学バリュースクール（V.School）で、二〇二〇年八月から開講された「日常生活における心の豊かさ」[1]の授業に、スクール長として参加したことがきっかけでした。その講義の様子を振り返りながら、心の豊かさと価値について考えていきましょう。この授業は、「心の豊かさ」を最終的にはビジネスプランに落とし込んで価値創造に結びつけることを目指していました。

「心の豊かさ」は、正直、非常に難しいテーマです。なぜなら、「豊かさ」とは、ウィトゲンシュタインが『論理哲学論考』で指摘した「語りえぬもの」の典型だからです。さらに、彼は、「語りえぬものには、沈黙せねばならない」という非常に重要な命題まで提示しています。もし、「豊かさ」が「語りえぬもの」であり、ウィトゲンシュタインに従うならば、豊かさについては「沈黙せねばならない」ことになるのですが、それはなぜでしょうか。

ウィトゲンシュタインは、『論理哲学論考』を刊行した後も、「語りえぬもの」に対する探究を続け、その後「言語ゲーム論」にたどり着きます。その内容は死後に出版された『哲学探究』で詳しく議論されています。「言語ゲーム論」のエッセンスは、「意味は使用（実践）で決まる」ということです。そう考えれば、「語りえぬもの」は、語りえぬとしても、実践の中でその意味を把握することは可能ということになります。ウィトゲンシュタインも『論理哲学論考』の中で、「語りえぬもの」を「示す」ことができると指摘しています。

これはすぐには理解しにくいかもしれませんが、その説明のためによく用いられる例として、画家と絵の関係があります。絵が存在していることは、その絵を描いた画家の存在を「示し」ています。しかし、その画家はその絵に「描か」れていません。もちろん、画家を絵の中に描くことは可能ですが、今度は、その絵の中に画家を描いている画家が描かれていません。これを続けるとエンドレスです。しかし、ここでの問題は、絵を描いている画家を絵の中に「描く」ことではなく、画家の存在を

1　二〇二〇年八月五日から十一月九日まで、安川幸男神戸大学客員教授と佐藤正和神戸大学客員教授が担当して、1日2コマで8回開催した。詳細は、國部他『価値創造の教育』第9章参照。

「示す」ことです。それなら、絵があるだけで、画家の存在を絵に描くことはできなくても、画家の存在は示されているのです。よく考えると、当たり前の話ですが。

「豊かさ」についても、それを語らずに「示す」ことは簡単です。特に、「経済的な豊かさ」を示すことは、豊かな人なら簡単にできることでしょう。しかし、私たちの問題は「心の豊かさ」です。心は、お金のように使って見せることはできないので、態度で示すしかありません。しかし、態度は「使用」と同じで、瞬間的な現象なので、それを切り取って皆で共有することができません。つまり、「語る」ことができないのです。

それでは、「語りえぬもの」である「豊かさ」を議論するにはどうすればよいのでしょうか。その一つの方法は、自分自身が「豊かさ」を感じる場面を語ることです。それは、「豊かさ」そのものではありませんが、自分自身にとっての「豊かさ」が示された場面を表すものです。それが誰かの共感を呼ぶならば、対話は広がっていくでしょう。

「豊かさ」を感じる

私がこの授業で「豊かさ」について考え始めた時に、自分はこれまで「豊かさ」について、関心がなかったし、ほとんど考えてこなかったことに気がつきました。これは、「幸せ」も同じで、「幸せ」や「幸福」を論じることなんて、ほとんど無意味ではないかと思っていました。また、幸福であることが望ましい姿であるということを前提とした議論には違和感を覚えますし、それは「豊かさ」についても同じです。むしろ、「幸福や豊かでなくてもいいじゃないか」という開き直りがないと、「幸福」や「豊かさ」は論じられないのではないかと考えていました。

私がこれまで「豊かさ」について考えてこなかった理由は、多分、私がすでに十分に「豊か」であったのか、あるいは「豊かさ」を感じることができないほどその面の感受性が乏しかったのか、それは分からないのですが、それでも「豊かさ」について考えてみると、私のような人間でも「豊かさ」を感じることがあるのに気がつきました。

私にとっての「豊かさ」とは、それを求めて活動していないのに、向こうから与えられた時に感じるものであると思いました。この与えられたものの中には、外部から与えられるものもありますが、自分の中に潜んでいた可能性を発見するようなものも含まれます。

逆に、何か目標を立てて、それを達成しようとする時は、達成できれば満足しますが、それは「豊かさ」の概念とは違うように思いました。つまり、「豊かさ」とはそれを得られるまでは、「豊かさ」に気づかないものなのではないでしょうか。そうであれば、なおのこと語ることはできません。一方、他の人が、「…している時に、豊かさを感じる」と言うのを聞けば、自分もそうかなあと思うことで、「豊かさ」の選択肢が増える気もします。

たとえば、自然を見て生命の躍動を感じる時、時間のゆっくりした流れを感じる時、家族に囲まれている時、昔の懐かしい思い出が蘇る時、今まで経験したことのない心地よさを味わった時、私でも「豊かさ」を感じることに気づきました。それが分かったことで、私は少し「豊か」になった気分になりました。しかし、観光名所に行って有名な風景を見ても退屈なこともありますし、休暇を取っても暇なだけで時間をもてあますこともあります。家族に囲まれていても、良いことばかりではなく、問題も起こります。思い出には、当然悪い思い出もあって、思い出して腹立たしくなることもあります。心地よさはそれを期待して経験できなければ不満が残るのです。しかし、期待せずに味わった心地よさはそれとは別種の感慨を与えてくれます。

つまり、「豊かさ」とは「豊かさ」だけで存在するものではなく、自分が今は気がついていないけれども、気づけば満足が増すようなものとして理解することができます。つまり、無意識の中の期待が、何らかの形をもって出現した時、私たちは豊かさを感じるのではないでしょうか。その全体の中で「豊かさ」を捉えないと、一番大切なエッセンスがこぼれ落ちてしまうかもしれません。

ビジネスプランに落とし込む

授業では、「心の豊かさ」を最終的にビジネスプランに落とし込むことが課されているので、私も、「日常生活における心の豊かさ」に役立つビジネスプランを考えてみました。もちろんそれは、これまでの議論から明らかなように、当然、真の意味の「豊かさ」ではありません。しかし、そこにほんの少しでも「心の豊かさ」を感じ取れる余地があればよいはずと思って考えました。

「心を豊かにする」ものに文化があります。長い伝統に裏打ちされた文化や芸術作品に触れると、「心が豊か」になるような気がします。これは学問も同じで、人類がこれまで長年にわたって獲得してきた知識は、あなたの人生を豊かにしてくれることでしょう。それに比べて、私たちの知識は何と少ないことでしょう。しかし、だからと言って、図書館の本を片っ端から読みだしていっても、それは最も「豊かさ」からは遠い行為になります。

知識を得ることで心が豊かになるためには、文化に触れて心が豊かになるのと同じように、基本的な素養が必要です。教養と言ってもよいでしょう。分厚い教養を身に着けた人は、そうでない人よりも、豊かな人生を送れるような気がします。しかし、教養を身に着けるのは大変です。本を読んでも、授業に出ても、ネットで調べても、時間がかかるし、しかもすぐにはポイントがよく分かりません。それは、その知識があなた用にカスタムメイドされていないからです。

たとえば、吉田兼好の徒然草に何が書いてあったのか知りたい時に、いきなり徒然草から読みだしても、意味が分かるまでに何日も、場合によっては何年もかかることでしょう。ネットで概要を調べても全然ピンときません。こういう時には人に聞いてみるのが一番です。何も偉い先生に聞く必要はありません。文学部の学生で十分です。あるいは、宇宙の成り立ちに関心があって調べていくと、宇宙は、最初はミクロの状態で発生して、ビッグバンを繰り返して大きくなったとか書いてあって、挙句の果てには、現在の宇宙はいくつもある（かもしれない）宇宙の一つにすぎないとか聞くと、これはどうやったら理解できるのか頭が痛くなるでしょう。この場合も理学部の学生に聞けば何とかなるかもしれません。

このような問題は、いずれもネットで調べればある程度は分かります。しかし、ある程度しか分からないので、心に響きません。やはり、自分の知りたいことを知るには生身の人間に聞くしかありません。そこで、各分野の主要項目ごとに説明できる大学生等を組織化して、必要な時にオンラインで回答してくれるような仕組みができれば、必要な時に必要な生きた知識が入手できて、「心が豊か」になるのではないでしょうか。文学や理学は、ニーズは少なくても、ビジネスなら結構あると思います。経営学を全然勉強せずに社会人になった人は、資産と資本がどう違うのかなかなか分からないはずです。こんなことは経営学部の学生に聞けば答えられるはずです。しかし、ＡＩでその本質的な違いを知ることは、説明はあっても難しいと思います。なぜなら、ＡＩの説明は意味の「使用」ではないからです。

ＡＩの回答は、データ処理の結果導出された関数の分析結果であって、文脈までは理解できません。いくら詳細で的確な説明がＡＩから返ってきても、それを意味として解釈できるのは人間だけなので、生きた知識として身に着けることはできないのです。

つまり、言葉の内容を知るだけでなく、意味の「使用」を知ることで、より深い知に触れることができれば、より豊かな人生が歩めるようになるでしょう。そのための人間のネットワークを形成することは、生成ＡＩの時代だからこそ、意味を持つと言えます。もちろん、これをビジネス化するまでの道のりは遠いでしょうが、どのような新しい価値も、遠い未来ではなく、現在ある価値のすぐそばに存在していることが多いので、可能性はあると思うのですが。

対話とコミュニケーションの価値

世間を見渡すと、今は対話ブームと言ってもよいほど、対話の価値を推奨する言説であふれています。政府と市民の対話、企業と投資家の対話、大学とステークホルダーとの対話、科学者と市民の対話など、組織ぐるみで対話が奨励され、企業や大学の場合などは、対話がガバナンスの一部に組み入れられています。対話は一対一のダイアローグが基本ですが、それは多対多のコミュニケーション（双方向の情報伝達）の基本形態です。

対話は、議論と違って、理解を導くものとされています。20世紀から現在まで知の最前線で活躍する哲学者ハーバーマスは、コミュニケーション行為の理論を体系化し、理想的発話状況に基づく徹底的な討議（熟議）が民主主義の要であるいう主張を展開し、学界だけでなく、実践レベルでも大きな影響を及ぼしてきました。対話理論やコミュニケーション理論は、多かれ少なかれハーバーマスの影響を受けています。しかし、対話はなぜそれほど重要なのでしょうか。

一方、講義で盛り上がった話題に「もやもや感」がありました。この「もやもや感」を大事することが大切であるという意見が学生から複数出て、議論が盛り上がりましたが、この「もやもや感」とは何でしょうか。「もやもや感」は生理的には不快な感情に分類されるもので、場合によっては、身体の不調にもつながりかねないネガティブな感情のはずです。もちろん、逆からみれば、このもやもやの先には目指す場所があると感じるなら、ポジティブに取れる場合もありますが、それは例外でしょう。では、このような「もやもや感」はなぜ大切なのでしょうか。

「もやもや感」とは、軽く言えば「何となく腑に落ちない感じ」であり、もう少しはっきり言えば「違和感」です。誰かの話を聞いて、何となく分かりそうだけれど、どこか分からないところが残る時、それが日常生活で生じる（身体的症状の意味ではない）「もやもや感」の正体です。なので、「もやもや感」を大切にするということは、「違和感」を大切にするということで、簡単に他人に迎合してはいけませんよ、という主張なのです。「もやもや感」がないと、同調圧力に屈して、あなたの個性が棄損されてしまいます。

しかし、そこで、「対話をしてお互いのもやもや感を解消しましょう」なんていう、平板な結論に至ってはなりません。それは対話の自殺行為です。対話が理解を目指すものであるということはその通りでしょう。しかし、その目標を相互理解とした場合、そこにたどり着けない時は、そのプロセスが大変苦しいものになることはすぐに想像がつきます。一方、理解を目指さない対話は、単なる会話に過ぎず、意味が違います。

したがって、対話において最も重要な目的は理解ではなくて、納得に置くほうがよいでしょう。結果として、理解できれば最高だけれども、理解を最終目的にすると対話は成立しません。なぜなら、完全な相互理解は不可能だからです。だから、多少苦しくても、もやもや感を維持しながら、自分の中で納得することを対話のゴールに置くほうが、より豊かな対話が実践できるのではないでしょうか。

この点について、よく「そのような考え方もある」という言い方がありますが、これは、一見、自分の考え方と違う意見（そのような考え方）を肯定しているように見えて、実は、異論を別の場所に閉じ込めて、そのまま（つまり異論を無視して）対話を続行しようとする時に使われることが多く、注意が必要です。「そのような考え方もある」ではなく、すこしでも「そのような考え方」を一緒に展開してみないと、対話を通じた納得は得られないでしょう。

2　価値から世界を認識する[2]

世界は差異でできている

価値創造を考えるには、最初に「世界」はどのように構成されているのかを、認識する必要があります。なぜなら、価値は「世界」があって、はじめて存在するものですから、その前提を理解しておかないと、それを理解して価値を考える人と競争することができないからです。

ここでいう「世界」とは、世界史や世界地図のような世界ではなくて、人間によって認識されるものの総体です。結局、「世界」と言っても、人間が認識して形成しているものに過ぎないという、いわば当たり前のことを言っているわけです。ここで個人としての「世界」と全体としての「世界」が一致するのかという難しい問題がありますが、個人としての「世界」とは一つの「世界観」であって、全体としての「世界」ではありません。全体としての世界は個々の「世界観」の集合体として成立するものです。

哲学者ドゥルーズの初期の代表的な著書に『差異と反復』がありますが、ここからキーワードを借

2　この章は、「日常生活における心の豊かさを考える」講義の中で、二〇二〇年八月二五日に実施された森内勇貴氏の講義に刺激を受けてまとめた原稿をもとにしている。

りてきて説明してみましょう。

言語学的に説明すれば、世界は「差異」でできています。言語を使用できるのは、ある言葉を別の言葉と区別できるからです。ということは言語で認識される「世界」は差異の体系ということになります。これは、個々のものがあってその差異があるのではなく、最初に差異を決める体系があるから、個々のものが認識できると考えるべきです。

その一方で、行動とは、何かの「反復」である場合が多いです。私たちの日常は「反復」の連続です。でも、いったい何を「反復」しているのでしょうか。それは「世界」という「差異」を反復していると考えることができます。ここは少し難しいところですが、少し時間を取ってイメージしてください。

しかし、「差異」は正確に「反復」できるでしょうか。絶対にできませんよね。そもそも時間が経過してしまうので、同じことは絶対にできません。するとそこに変化が生じることになって、何かが「生成」すると考えられます。この「生成」が結局どのように起こるのかが、ポイントになります。それは、哲学的課題でもありますが、変化の起源を探る社会科学的な研究対象でもあり、これは構造的には価値の生成やイノベーションの生成にも共通しています。こうして、世界認識の方法は、価値創造につながっていくのです。

世界へアプローチする方法

世界＝差異であるというところはなかなか理解しにくいと思いますので、もう少し説明しておきましょう。世界は「認識されるものの総体」と定義しましたが、「認識する」ということは、対象を他のものから区別するということで、差異があるから区別できるわけですから、存在よりも先に差異があるということになります。たとえば、「AとBの差異」といった場合、通常の考え方では、Aという存在とBという存在があって、そしてその間に差異があると考えますが、ではどうして、最初に「Aという存在がある」と認識できたのでしょうか。それはBとの間に「差異」があるからであって、差異が存在に先行するというのは、こういう意味です。

そう考えれば、言語はすべて差異の体系であって、「リンゴ」という言葉は、「リンゴ」という言葉で指示される対象を「リンゴ」以外から区別する以上の機能はなく、それが示しているのは「リンゴ」そのものではなく、「リンゴ」とそれ以外のものの間の「差異」なのです。その証拠に「リンゴ」という「判断」を「停止」してその対象を見れば、「リンゴ」ではないものがたくさん見えてくるはずで、これは現象学の体験的実習でも取り入れられることがあります。

このような説明で、「認識されるものの総体」としての世界という考え方は理解できたでしょうか。もちろん、人間の認識の外にも物質的な存在物はいくらでもあるわけで、最新の哲学ではそのような「実在」をいかに取り込むかが焦点になっていますが、当分の間はこの議論はおいておきたいと思います。ここでの課題は、それではそのような「世界」に対して、我々はどのようにアプローチすることができるのか、という問題です。言い換えれば、どのようにして「世界」を理解することができるのかです。それが分からなければ、「世界」をどのように変えればよいのかは見えてきません。

そこでのアプローチは大きく三つに分かれます。最もオーソドックスな考え方は、「世界」をその構成要素に分けて理解しようとするアプローチでしょう。もう一つはその対極で、「世界」という全体構造あるいはシステムから理解しようするアプローチです。つまりこの二つは、個から全体を考えるのか、全体から個を考えるのかの違いです。

三つ目として、そのどちらでもない考え方があります。それは、認識する主体である人間の主観から「世界」にアプローチする方法です。現象学は、このような観点に近いものです。「近い」と書いているのは完全に同じかどうかは議論の余地があることを示していますが、大まかにはそのように理解しておけば一旦整理ができます。この三つのアプローチを理解できれば、皆さんの哲学的思考はかなり進歩しますし、現実に適応すれば価値創造の可能性が広がります。しかし、それぞれのアプローチには固有の限界もあります。次にその内容を考えていきましょう。

構成要素からアプローチする

まず、「世界」へのアプローチ法の一番目、「世界」の構成要素からアプローチする方法を考えてみましょう。この方法は、難しい言葉を使えば、要素還元主義と呼ばれるもので、複雑な全体を構成している個別の要素を分析することで、全体（つまり「世界」）へ迫ろうとするものです。

これは科学の基本的な考え方で、ほとんどの科学は対象を要素に分解して、その本質を理解しようと努めます。自然科学でも社会科学でもデータ分析はこのアプローチの典型です。科学的思考とは、

「分ける」ことであり、「分ける」から「分かる」というのが基本です。「分ける」時に大事なことは、誰が「分け」ても同じになる必要があります。そうでないと構成要素間の関係が再現できません。これが客観性です。

私たちが、学校で教わってきたことも、現在学校で教えていることも、大半はその方法と成果です。つまり、それは分けられた「世界」です。要素から全体にアプローチする方法は、具体的に物事を考えやすいので、多くの人が無意識に採用している方法でもあります。それでかなりのところまで「世界」は見通せるような気もします。それは間違いではありませんが、一方、それは実際の世界とは同一ではなく、どうしても超えられない一線があります。

それは、要素からは全体の大きさが類推できないこともありますが、それより重要なことは、それぞれの要素はその要素がある環境（もしくは文脈）の中で意味を持つものなので、その環境から取り出した要素はすでに本質が変容してしまっているという問題です。

魚を研究しようとして、川から魚を採取して、研究室に持ってきても、その魚は川で泳いでいた時の魚と同じではありません。データの取得においてもその条件と計測方法が常に問題にされますが、逆に言えば、そのデータはその条件と計測方法のもとで使用できるものにすぎません。つまり、要素に還元しても、全体から切り離しては理解できない側面が必ず残るのです。それに対して、要素からではなく、全体のほうからアプローチする道があります。

全体からアプローチする

全体からアプローチする方法を考えるためには、世界の「全体」を把握することは大変難しいので、「全体」として完結している（ように見える）ものからアプローチする方法として、説明していきましょう。

このような視点に立てば、いわゆる「システム」という見方は、システムの論理によって各要素の内容が決まる関係になっているので、システムという全体から「世界」を理解するアプローチであると考えられます（「制度」や「構造」も「システム」と同じ意味を持ちます）。このようなシステムには、さまざまなものがあります。言語システムや経済システムのような人工的なものから、自然や生命も一つのシステムとして理解できます。ここで重要なことは、システムの構成要素はそのシステムから切り離すことはできず、常に全体として理解しなければならないということです。

「世界」にはさまざまなシステムがありますが、「世界を認識されるものの総体」と理解するならば、その中で最も基本になるシステムは言語システムです。言語がなければ、多くの対象を認識できませんし、認識を多くの人間に伝えることもできません。言語とは、単なる個々の構成要素（用語）の集合体ではなく、用語の意味は言語システムによって規定されるもので、その逆ではありません。

以前お話しした「リンゴ」は、言語体系の中で他のものと区別されるから「リンゴ」として識別されるわけです。つまり、システムの構成要素は他と区別される固有の機能を持っています。「リンゴ」であれば、〈リンゴのようなもの〉を指示する機能です。機能はシステム（全体）から生じるもので、その逆ではありません。車から外されたタイヤには機能がないのと同じです。

この「全体」から「世界」を理解する方法は、「全体」が分かれば、要素から説明するよりも、「世界」について見通しの良い視点を与えます。しかし、自分自身が、言語システムのように、そのシステムの内部にいる場合、その「全体」を把握することはできるのでしょうか。また、そのシステムはどのように生成したのか、あるいは変化するのかという点はどのように説明すればよいのでしょうか。このように「全体」から「世界」にアプローチする方法も限界を抱えています。

二つの視点が作る世界

「世界」へのアプローチ方法として、要素から全体を考える方法と、全体から要素を考える方法の二つのアプローチを紹介しました。大変重要なポイントなので、この点をもう少し説明しておきましょう。

私たちは、通常は、要素から全体を考えやすいですが、全体から要素を見ると世界が違って見えることがあります。たとえば、大学の授業を考えてみましょう。ある教室で英語の授業がされているとします。要素から全体を考える場合、そこでは先生が英語を教え、学生が英語を学んでいる「世界」が見えると思います。

しかし、その先生は大学教員として英語を教えないといけない「職務」があり、学生は英語の授業を受けないと卒業できない「条件」があるとすれば、この英語の授業は、大学教員に対する「職務」と学生にとって卒業のための「条件」から生じている「世界」(の一つ)ということになります。「職務」や「条件」は大学というシステムの中で決められている「規則」で、「人間」としての教員や学生とは独立に存在している「全体」です。

この場合、教える、学ぶという個別の行為と、職務と卒業条件という規則では、どちらがより本質的に英語の授業という現象を説明しているでしょうか。ここでは私の回答は留保して、皆さんに考えてもらいたいと思います。このように要素から全体を見る場合と、全体から個を見る場合では、その風景がかなり違うこと、そして、その意味もおそらく違うことを理解してください。そして、どちらのほうが現実をよりうまく説明しているかも考えてみてください。このような思考が価値創造には欠かせません。

人間の主観からアプローチする

「認識されるものの全体としての世界」へのアプローチとして、要素から全体を見る方法と、全体から要素を見る方法の二つがあることを説明してきました。この二つは大変有力な方法で、二つを身に着けるだけで相当のレベルまで思考を深めることができます。しかし、この二つのアプローチには限界があることも論じてきました。その限界はたくさんありますが、その中でも最大のものは、「認識されるものの総体としての世界」を考える場合の「認識」の限界を、この二つのアプローチでは捉えることができないことです。

つまり、Aさんが「認識」していることと、Bさんが「認識」していることの間で、どうして共通の理解が成立するのかという、最も根本的なところが問われないまま残っているわけです。この問題に切り込んだのが、第3のアプローチである人間の主観から「世界」にアプローチする方法で、現象学はこのアプローチに相当します。

その中心的方法である「判断停止（エポケー）」（「思考停止」ではないので注意）は、たとえば、（リンゴのようなものを）「リンゴ」と判断するのをやめて、その時に見えてくるものを考えるという方法です。そうすると「リンゴ」と思っていたものの背後に様々な要素が見えてきて、その要素の共通性を探れば「リンゴ」の本質、つまり「世界」の本質に迫れると考えるわけです。これは現象学的還元という方法です。実際に還元してみると、これまで見えていなかったものが見えてきて、共通の理解に到達できそうな気もします。

しかし、これを実習してみると分かるように、そこから全く違う概念に思考を展開していくことも可能になります。それを「構築主義」として理解することは可能でしょう。そう考えると、現象学的還元は、世界を理解する方法として考案されたにもかかわらず、世界を創造する方法にもなっているわけです。

もちろん、世界創造のほうに行かずに、そこで踏みとどまって、人間にとっての共通理解をとことんまで追求することも思考としてはできるかもしれませんし、実際に現象学を提唱したフッサールはそのことに生涯をかけました。しかし、それは無理であったというのが後年のほぼ共通の見解です。なぜなら、そこには時間が流れているため、存在は常に同じ形では維持できないからです。

実践からアプローチする

この話は「差異と反復」の説明から始まっています。世界は差異の体系であるが、同じ形では反復できない。なぜならそこに時間が流れているから。したがって、要素から世界に迫る方法も、全体から世界に迫る方法も、主観から世界に迫る方法も時間をうまく取り込めていないので、それぞれ非常に有力な考え方ですが、限界もあるというのが、これまでの話の骨子です。

では、どうすれば時間を含んだ「世界」にアプローチできるのでしょうか。ここでは第4のアプローチをお示ししたいと思います。それは、「実践」の中に「世界」があるという考え方です。これはプラグマティズムと呼ばれる考え方で、本書でもこれから何回も登場するデューイはプラグマティズムの基礎を作り上げた代表的な学者です。実践の中に「世界」を理解するという方法は、特定の理論を持つものではなく、実践の中で有用な関係こそが「世界」の構成原理であると考えます。

その「世界」とは、あらかじめ理論として特定できるようなものではなく、実践の中に現れる要素と要素の関係としてしか把握できず、その関係を記述することで「世界」が理解できると考えます。このような「原理」は当然相対的なもので、変化していくものです。この変化の中に「世界」が存在すると考えます。「差異と反復」について考えれば、世界を静的な差異の体系と考えればそれは反復することはできませんが、反復することで世界が構成されると考えれば、動的な差異（つまり差異の差異）の結果が「世界」であるということができます。この動的な差異の体系が記述できれば、それが「世界」の構成原理になります（ここは結構難しいので、ゆっくり考えてください）。

なお、静的とは時間が止まった世界、動的とは時間とともに動く世界です。これまで議論してきたような要素に還元しても、全体システムから考えても、人間の主観を純粋に突き詰めても、分からないものが残ります。それは動的な側面です。そこにアプローチするには、このような実践からアプローチする考え方が必要です。というよりも、実践的なアプローチでないと見えてこないものがあるのです。私たちが追求している価値とは、世界を実践として見ないと見えてこないものの典型であると私は考えます。

世界と価値の関係

次に、「世界と価値観は同じか」という問題を考えてみましょう。本書では、これまで世界を「認識されるものの総体」として定義してきました。実は、これは、ウィトゲンシュタインが『論理哲学論考』で示した「世界」の定義「世界は成立していることがらの総体である」という定義を少しだけ変更したものです。

ウィトゲンシュタインは、さらに「世界は事実の総体であり、ものの総体ではない」と言っていますので、人間に認識されない「もの」は存在しているかもしれませんが（というよりも必ず存在していますが）、世界の構成要素ではないということです。つまり、ウィトゲンシュタインは、人間であれば同じ認識プロセスをたどれば同じ理解に到達できる事実の総体を「世界」と呼び、その原理のすべてを『論理哲学論考』で解明しようとしました。

一方、「価値」とは個人の解釈に依存するので、「認識されるものの総体」としての「世界」とは異なるものです。ウィトゲンシュタインは価値についても議論していて、同書で「世界の中には価値は存在しない。もし世界に価値が存在しているのなら、その価値には価値がない」と述べています。その意味するところは、世界の中でもしすべての人が共通に認識できる価値があるとすれば、それは定義としての価値で、その中身はないということです。定義は形式にすぎませんから。

これは価値がどこにも存在しないということではなく、価値は人間の数だけ存在しているという意味です。しかし、それは価値の中身について全員が同じ理解にたどり着けないという意味で、「世界」の外部にあるというだけです。これまで「世界」という用語を使用してきたので、それがすべてであるように理解されたかもしれませんが、それは人間が共通に理解できることのすべてという意味でしかなく、個々の人間だけが理解している部分は含まれていません。それが「世界」の外部に存在していて、「世界」を成立させる条件にもなっています。ちなみに、このようなウィトゲンシュタインの「世界」の考え方は、その後ウィトゲンシュタイン自身によって批判され、彼はその限界の克服に自分の後半生をかけることになります。

さて、最初の問題に議論を戻すと、「世界の中に価値はない」というのが回答になりますが、問題は「価値」ではなく、「価値観」なので、「価値観」になると話は少し変わってきます。

価値とは何か

「価値観」の話の前に、もう少し「価値」の話を続けます。ニーチェは『権力への意志』の中で、「世界の価値は私たちの解釈のうちにある」と述べています。つまり、価値とは主観であるということです。何かがあって喜びを感じたり、美しさを感じたり、快適さを感じたり、楽しさを感じたりする時、私たちは価値を実感しますが、これらはすべて「感じる」ことで生じる現象です。

私たちは、喜びを表すことはできても、自分の感じている喜びをそのまま他者に伝えることはできません。その意味で、価値はたとえ同じプロセスをたどったとしても、すべての人が同じように「認識されるもの」ではないため、「世界」の内部に存在していることにはなりません。

しかし、価値は主観として確実に「存在」しているので、それが外部から「世界」を形成することになります。したがって、「価値」は「世界」の中身ではなく、条件であると言えましょう。その典型的な例は貨幣です。皆さんもご存じの通り、単なる紙切れの貨幣に「価値」はありませんし、最近は、貨幣は紙ですらなくて、ほとんどが電子上の記録です。そこには物理的な実体すらありませんが、人間が考えた貨幣という形式は、すべての人に認識可能という意味で「世界」の構成要素になります。

しかし、貨幣には中身がありません。1000円という紙幣には1000円の価値があるように思いますが、それをどのように使用するか（すなわちどのように価値として実現するのか）は、人によって様々です。つまり、1000円という紙幣と1000円をどう使うかは全く別のことで、価値の中身は後者にしかなく、これは人間の意志（主観）によって決定するしかありません。それは実践そのものです。つまり、価値とは実践を通じてのみその存在が示されるのです。

このように考えれば、価値の形式（定義）は世界の一部だけれども、価値の中身は世界の外にある。その源泉は人間の主観にあるという理解が成り立ちます。つまり、「世界」にあるのは価値の形式だけで、価値の中身は人間の主観が決めるということです。では、そこで価値観とはどのような意味を持つのでしょうか。価値観とは世界なのでしょうか。次はこの問題を考えていきましょう。

価値観という世界

「価値」は「世界」の一部ではない（その内部に存在しない）というのであれば、「価値観」も当然そうであろうと思われるかもしれませんが、話はそう簡単ではありません。「価値観」とは、端的に言えば、価値の順序付けです。AよりもBに価値を認める時、それは私の価値観だからという、表現を使うことがあると思います。人間同士の好みが違う時、それは価値観が違うと表現しますが、それは価値の順序付けがその人たちの間で異なるという意味です。

この順序というものは大変重要な基準で、いわば私たちは、価値の順序付けを日々実践しているともいえます。朝起きて、学校に行くのも、ずっと寝ているよりも学校に行くほうが価値があると判断するからです。友だちと会うのも、会わないで過ごすよりも価値があると判断するからです。もちろん、価値にはマイナスの価値もあって、マイナスの少ないほうという意味で価値を見いだすこともあります。

しかし、このようなこまごました判断は普通「価値観」とは呼びません。「価値観」はもっと重大な価値の優先順位を示す時に用います。この「価値観」が世界全体で共有されるならば、それは「世界」を構成します。しかも、価値観は実践の基準として機能するものですから、「世界」の構成原理として機能することになります。一方、価値観が一部の人にしか共有されない時は、その一部の人たちだけの「世界」となり、その他の人とは「世界」が違うということになります。

したがって、「価値観」は「世界」でもありうるし、「世界」でもないということになり、「価値観」が「世界」かどうかは「世界」の範囲に依存することになります。その意味で一番小さい「世界」は自分自身ですから、個人単位では「世界＝価値観」でも構いません。しかし、それを超えないと、価値観の集合体としての「世界」は見えてきません。それにはどうすればよいのでしょうか。

価値観を超えること

「世界＝価値観」を超えることは、大変難しい課題です。まず、「超える」ということの意味が分からないといけません。仮に、「価値観」を自分の価値観と仮定して、それを「超える」ことから考えましょう。自分の「価値観」を超えることは、一見簡単にできそうです。今まで、仕事に第一の価値をおいていたのを、家庭におくことはすぐにできるような気がします。しかし、それを持続できるでしょうか。

これは、今日から勉強しようと思っても、三日坊主に終わった経験のある人なら誰でも分かると思いますが、人間には自分の明示的な意志の力では変えられないものがあります。価値観はまさにそのようなもので、その意味で価値観を意識的に超えることはできないと私は考えます。逆に考えれば、意識的に超えられるようなものは価値観ではないと言えるでしょう。

しかし、皆さんも経験されていると思いますが、価値観は変わります。世界で一番好きだったのはお母さんとお父さんだったのに、いつの間にか彼女や彼になった経験を持つ人もいるでしょう。これは価値観の変化です。この変化がどこから来るのか、いつまで続くのか、これが一番重要なところです。

それは自分に聞くしかありません。そうすると、言語化できないけれど、何か自分の内部から沸き起こってくる感情、情動というものに気づくと思います。実はこれが価値観を変える源です。その意味で、価値観は意識的には変えることのできないものです。なぜなら、それは意識の世界には存在していないからです。

しかし、「価値観」を超えたいと認識できたことは、その源にそのような感情があるはずなので、まずはそこで耳を澄ますことがすべての出発点になります。なお、意識的に知識を吸収して、自分を成長させることは重要ですが、それは価値観を変えることではありません。価値観はもっと根源的なところからきていると考えるほうが、人生の奥深さに到達できると私は考えます。さて、ここまでは個人の価値観の話でしたが「世界の価値観」は超えることができるのでしょうか。

世界の価値観を超えるには

世界認識の方法を考えてきたのに、いつの間にか「世界の価値観を超えるには」という、大変な難問にたどり着いてしまいました。価値観とは価値の順序付けのことですから、「世界」に価値観があるとすれば、それは世界の構成員に共通の価値の順序付けということになります。たとえば、宗教が支配している世界においては、明確な価値の順序付けが成立しています。そこでは、神が（正確には神の名のもとにおいて）すべてを決定します。

それでは宗教の力が弱くなった現代社会ではどうでしょうか。そこでは、神の代わりに経済が価値の順序を決めてしまっていると見ることができます。たとえば、会社の利益は最終的に所有者（株主）に帰属することになっていますが、これは明確な価値の順序です。この順序付けによって資本主義世界が成立します。それを労働者に優先して配分するならばマルクスが目指した社会主義世界になります。このように価値の順序を変えることは社会の仕組みを変えることに通じます。

しかし、新型コロナウイルス感染症の蔓延で、その状況にも変化の兆しが一時的に見られたこともありました。新型コロナウイルス感染症で、多くの生命が失われる現状に直面し、経済よりも生命のほうが大切という価値の順序の再考が世界的に広まりそうになったこともありましたが、いつの間にか元の世界に戻っています。実はこれは、新型コロナウイルス感染症の蔓延という現状に直面した人間の感情の変化よりも、世界の既存の価値観のほうが強かった例と見るべきでしょう。

したがって、個人の価値観も、世界の価値観も、それを超える（変える）しくみは同じことです。西洋でキリスト教という価値観が崩れたのも、キリスト教に対する個人の感情の堆積の結果と言えるでしょう。新しい価値の創出の場合も基本は同じです。ただし、価値の創出には、価値観の変化のような大それたことは必要ありません。その価値に共感する人々を見つければ、その「世界」の中で価値は成立するのですから。そこで重要なことは、その源泉は、自分自身とそれに本当に共感してくれる人たちの中にしかなく、しかも新しい価値の源泉は常にまだ言語化されていないことに気づくことです。そして、それをうまく取り出すにはどうすればよいのか。これが価値創造活動の原点になります。

3　ウィトゲンシュタインから価値を学ぶ

価値と哲学

価値の本質を考えるには、哲学的な議論が必要になります。これは価値が主観的な現象であるため、主観を取り扱う学問である哲学を使わないと議論できない問題があるためです。むしろ、哲学しか価値の本質をうまく扱えないと言ってもよいと思います。一見、経済学がその役割を果たすべきと思われるかもしれませんが、経済学は価値の具体的な形態（価格）があって初めて成立する学問ですから、哲学がそれに先行する必要があります。しかし、価値を正面から議論した哲学書は、ほとんどなく、人文科学全体でも人類学者グレーバーの『価値論』くらいしか見当たりません。その理由は、価値は非常に議論しにくいものだからだろうと推察していますが、なぜ議論しにくいのかを考えることが、価値を哲学的に考える第一歩になります。

では、哲学書なんて一冊も読んだことないのに、この問題を哲学的に考えるには何から手を付けたらよいのでしょうか。プラトン、アリストテレス、デカルト、ルソー、カント、ヘーゲル、フッサール、ハイデッガー、フーコー、ドゥルーズ、デリダなど、哲学者はいくらでもいて、彼ら一人ひとりが多作なうえに一冊がとても長いので、勉強するにしても何年もかかりそうです。スミスやマルクスなどの経済哲学者も無視できません。しかも難解ですから、哲学を専門としない私たちが、たとえばいきなりカントから始めても挫折することは目に見えているでしょう。

その意味で、ウィトゲンシュタインはお勧めです。まず、一生で二冊しか書籍が公刊されていないので読む本が限定されます。ただし、講義録や草稿をまとめた全集10巻がありますが、こちらを読むのは専門家に任せておけばよいです。もう一つの理由は（こちらが重要ですが）、ウィトゲンシュタインの議論には、論理実証主義、構造主義、現象学、プラグマティズムのすべての要素が入っていることです。しかも、先行研究をほとんど全く引用しないで、議論を展開しているので、ウィトゲンシュタイン以外の哲学書を読む必要もなく、ウィトゲンシュタインの著作だけで哲学のすべてが分かるようになっています。ウィトゲンシュタインさえマスターすれば、他の哲学者の主張もウィトゲンシュタインの主張と比較して理解できるので、必要な時に必要なものを読むだけで十分になりますし、専門家も含めて誰とでも哲学的な議論ができるようになります。

ウィトゲンシュタインの二冊とは、32歳の時に刊行された『論理哲学論考』と、死後に刊行された『哲学探究』です。『論理哲学論考』は短い本で、文庫版が出ています。『哲学探究』は残念ながら文庫化されていませんが、翻訳書は出ています。まずこの二冊を購入しましょう。図書館から借りてはいけません。価値を生み出すためにはまず身銭を切らなければなりません。ウィトゲンシュタインの本を自分の書架に置くだけで、何か自分が変わった気持ちになるはずです。

しかし、この二冊をいきなり読んでいくのは大変なので、ガイドとしてウィトゲンシュタインの入門書もそろえておきましょう。新書版でもいくつもの入門書が出ているので、なるべく多く集めておきましょう。哲学の入門書は、どれもプロの哲学者が書いているので、個性が強く、本当にウィトゲンシュタインがそう言っているのかどうかを確認しながら読む必要があるので、複数備えておいたほうがよいです。その際には、ウィトゲンシュタインの伝記のようなものが入っているほうが読みやすいかもしれません。彼の数奇な運命と主張を重ね合わせて読むのは、かなりのミステリーです。さて、これで外形的な準備は整いますが、ウィトゲンシュタインを読むためには、心構えが必要です。問題意識を共有していなければ、ウィトゲンシュタインが何を言っているか、さっぱり分からないからです。この問題意識の設定は実は大変難しいのですが、とりあえず、「世界はどのように捉えられるのか」ということにしておきましょう。「世界」を「価値」に置き換えれば、そのまま価値創造研究の課題になりますし、そのような置き換えが実際に可能なのです。

『論理哲学論考』を読む

『論理哲学論考』は、とても奇妙な構成で、七つの命題から構成されていて、命題7以外には、それぞれ番号を付された多くの注が付けられています。たとえば、1．1は、命題1の注であり、1．11は1．1の注というように、注が続いていきます。七つの命題を書き出せば以下のようになります。なお、命題7には注はありません。

命題1　世界は成立していることがらの総体である
命題2　成立していることがら、すなわち事実とは、諸事態の成立である
命題3　事実の論理像が思考である
命題4　思考とは有意味な命題である
命題5　命題は要素命題の真理関数である

命題6　真理関数の一般形式はこうである［p、ξ、N（ξ）］

これは命題の一般的な形式である

命題7　語りえぬものには、沈黙せねばならない

これだけ見ても何のことかさっぱり分からないと思いますが、ウィトゲンシュタインが「世界」とは何かを説明しようとしていることは分かると思います。では、彼がどのように説明しているのかについて、思いっきり要約してみましょう。「世界」とは、命題1にあるように「成立していることがらの総体」なのですが、この「ことがら」は命題2で「事実」として言い換えられます。しかし、人間は世界を構成する事実をそのまま理解するのではなく、命題3で指摘されるように、それを写し取った論理像（命題）を思考するのです。その命題が世界を構成しているかどうかについては、その真偽を判定する必要があり、それは命題を要素に分割して真理関数によって決定されるというのが命題6までの主張です。

なお、実際のウィトゲンシュタインの議論は、成立している事実だけで進んでいくのではなく、成立する可能性のあった事態も含んで議論が展開されるため、その真偽を判定する方法が、論理実証主義的には非常に重要なのですが、私たちの主題の価値の話とは現時点ではあまり関係ないので、ここでは省略します。詳しくは、『論理哲学論考』およびその解説書をお読みください。

ウィトゲンシュタインの議論のポイントは、「成立していることがらの総体」である「世界」は、何らかの像（命題）を通してしか認識できないという点にあります。その像を構成する手段が言語になります。このような話だけであれば、当然のことを言っているだけと思われるかもしれませんが、

ウィトゲンシュタインのすごいところは、言語を使って像を結ぶのですが、その像と対象の関係は語りえないというのです。つまり、「言語のなかに写っているものを、言語は描くことができない」（4．121）のです。

像は命題として語りうるのですが、像の対象と像の関係は語りえないということは一体どういうことなのでしょうか。これを価値に置き直すと、「像としての価値」と、その像の対象である「価値」の関係は語りえないということです。「像としての価値」は「価格」として理解してよいでしょう。そうすると、価格と価値の関係は語りえないということになります。これは何を意味しているのでしょうか。いきなり『論理哲学論考』のクライマックスに入っていきます。

論理形式を理解する

「言語のなかに写っているものを、言語は描くことができない」という意味を考えるために、たとえば、「日本に神戸大学がある」という命題を考えてみましょう。この時、言語のなかに写しとられた命題（すなわち鏡像）は、「日本に神戸大学がある」なのですが、その鏡の向こう側にあるものは、何なのでしょうか。それは「日本に神戸大学がある」ということではありえません。なぜなら、それは言語という鏡に写った結果であって、言語以前に「何か」がないと、それを言語が写し取ることはできないはずだからです。したがって、それを言語で語ることは原理的にできないのです。

このことは少しゆっくり考えないとイメージしにくいかもしれません。つまり、あなたが何か発言する前に、言語化されていない「……」が必ずあるはずです。そうでなければ、あなたの発言はセリフを読んでいるだけになります。しかし、「……」を言語化することはできません。それを言語化した瞬間に、「……」ではなく、「日本に神戸大学がある」と発言してしまうからです。（分かりにくければ、ここで1分くらい考えてみてください。）

しかも、この「……」はあなたに対してだけ存在しているものでもありません。なぜなら、「……」を写し取った言語は他者にも通じるからです。もしも、「……」があなたに固有のものであれば、それを写し取った言葉を他者が理解することはできないでしょう。たとえば、誰かが妄想に基づいて何か奇声しても他者には意味が通じません。つまり、「……」は他者と共有されないといけないものなのです。このことをウィトゲンシュタインは「現実を描き出すために現実と共有しなければならないもの」（4．12）と表現し、それを「論理形式」と呼びます。したがって、「命題は論理形式を描き出すことはできない」（4．121）ことになります。しかし、命題が存在するということは、論理形式が存在することを示しています。ここに確実に存在していると示すことはできけれど、語ることのできないものがあることが分かります。

これは自然科学の世界を例にとれば分かりやすいかもしれません。人間は誰も自然の本質（論理形式）が何であるか分からないわけですが、何かはあるはずです。自然科学者は、さまざまな計測器を使って自然現象からデータ（事実）を測定して、その関係を命題（理論）として提示します。その時その命題が写し取っている対象をデータ以外の方法で示すことはできません。しかし、データ以外の「何か」があるからデータが取れることは自明でしょう。ところが、その「何か」をデータとその結果としての命題（理論）以外の方法で示すことはできないのです。したがって、私たちは自然そのものを記述することはできなくて、「正しい命題たちの総体が、自然科学全体（または自然科学たちの総体）である」（4．11）ということになるのです。

現実を構成しているのは、自然現象だけではありません。人間そのもの（つまり人間としての生）もあります。人間そのものも、上記と同じ意味で、語ることができません。ウィトゲンシュタインは、次のように指摘します。「たとえ、考えられる限りすべての科学の問いが答えられているとしても、私たちの生の問題にはまだ全く触れられていない」（6．52）。したがって、価値という、人間の生に関係する主観的なものについては、「世界のなかには価値は存在しない。もしかりに価値が存在しているのなら、その価値には価値がないだろう」（6．41）ということになります。同様に、人間にとっての価値観の反映である倫理についても、「そういうわけで倫理の命題も存在することができない」（6．42）のです。ここで、倫理や価値というものは、これまで説明してきた論理と同じように、語りえないものに分類されます。しかし、実際には倫理に従った行動があることで、倫理が存在することは「示す」ことはできます。

やっと、価値が出てきましたが、残念ながらウィトゲンシュタインが価値について明示的に語るのは『論理哲学論考』では、ここだけです。なぜなら、価値は語ることができないものだからで、しかも命題7で「語りえぬものには、沈黙せねばならない」という規律まで課しているので、彼が自分で破るわけにはいかないのです。では、なぜ語りえぬものには、沈黙しなければならないのでしょうか。価値や倫理を語るとどうなるのでしょうか。クライマックスはまだ続きます。

語りえぬものには、沈黙せねばならない

なぜ、語りえぬものには、沈黙しなければならないのでしょうか。「沈黙せねばならない」ということは、逆に言えば、「沈黙しないこと」、つまり「語る」ことも、しようと思えばできるわけです。しかし、ウィトゲンシュタインによれば、真か偽かがはっきりする命題以外は語ってもノンセンス（無意味）ということになります。無意味だから語ってはいけないのでしょうか。このあたりは、ウィトゲンシュタインの謎と言われていて、彼自身は「沈黙せねばならない」ことを守って、何も語ってくれません。では、その禁を破って語ってみるとどうなるか、試してみましょう。

ウィトゲンシュタインに語りえないと言われた倫理を例にとってみましょう。「人を殺してはいけない」という倫理的言説を取り上げてみます。実はかなり昔に、「なぜ、人を殺してはいけないのですか？」という小学生の質問が話題になり、それにどう答えるかが社会現象になったことがあります。そのようなタイトルのまじめな本も複数出版されたほどです。それほど、この質問に答えるのは難しいことに、当時の日本人は初めて気がつきました。試しにどうなるか答えてみましょう。

（標準語で）
大人「人を殺してはいけません」
子供「なぜ、人を殺してはいけないのですか？」
大人「それは法律で決まっているからです」
子供「法律で決まっていなければ、殺してもいいのですか？」

大人「法律で決まっていなくても、殺してはいけません」
子供「なぜですか？」
大人「……」
（関西弁で）
大人「人を殺したらあかんで」
子供「なんで、人を殺したらあかんの？」
大人「その人がかわいそうやん」
子供「かわいそうと思わんかったら、殺してもええの？」
大人「そんな人はおらん」
子供「みんなに聞いたん？」
大人「……」

このようにどんな返事をしても最後は必ず負けてしまいます。なぜなら「人を殺してはいけない」は真偽を判定できる命題ではないので、真であることを証明することができないからです。では、「人を殺してもよい」のでしょうか。そんなことは絶対にありませんよね。しかし、命題としては真であることを証明できないので、それを語ることは、「人を殺してはいけない」という倫理を毀損してしまうのです。このような無意味な質問に語るだけで、「人を殺してもよいのかも…」と思う人を増やす可能性すらありそうです。では、どうすればよいのでしょうか。結論は、倫理は実践するしかないということですが、その前に、倫理ではなく価値を語るとどうなるかを考えましょう。

価値を語ってみる

前項では、ウィトゲンシュタインが語ることを禁止した倫理的な言説を、禁を破って語った時に生じる問題を指摘しました。では、価値を語るとどうなるでしょうか。『論考』では、価値は倫理と同じ話の中で出てきます。

たとえば、母親がよちよち歩きの赤ん坊を抱きあげて、「この子は私の命よりも大切なの」と発言すると、周りの人は何というでしょうか。「そうね」と相槌を打つか、やさしく微笑むか、いずれにしろ何らかの肯定的なリアクションをするでしょう。稀に、「いや子供より親を大切にすべきだ」とかいう偏屈な人間がいるかもしれませんが、そんな言葉で母親の価値は些かも揺らがないでしょう。つまり、価値を語っても、倫理の場合のように、否定される可能性は大変低く、たとえ否定されてもほとんど影響がないのです。

これは、倫理が他者と共有されないと意味がないのに対して、価値は他者と共有しなくても意味があるからです。「人を殺してはいけない」は他者と共有しないと意味がありませんが、「私の子供は私の命よりも大切」という価値は自分一人で完結しています。しかし、倫理は、相手に同意してもらわないと意味がないので、反発を受ける可能性があり、しかも反論されるとその真偽のほどを主張できない構造になっているのです。一方、価値にはその心配はありません。逆に、他者が自分に踏み込んでくることも泥棒のような場合を除いてありません。このような違いはありますが、ウィトゲンシュタインは、『論考』に先立つ『草稿』で、「倫理は論理と同じく世界の条件でなければならない」と述べていますが、同じように価値も世界の条件として機能します。

これが価値の表現形式である価格になると、話は全く変わってきます。価格は現実に明示的な根拠を持ちますから、要素命題の条件を満たします。つまり、世界の条件ではなく中身です。したがって、いくらでも語ることができます。しかし、価格は相対的な概念ですから、前述の「私にとっての価値」のような絶対的な価値とは異質なものです。ウィトゲンシュタインが「沈黙せねばならない」といったのは、絶対的な価値の場合なのですが、その絶対的な価値の場合も、倫理のような他者と共有しないといけない価値と、自己だけで完結している価値（私的な価値）があり、どちらも真偽を主張できないという意味で命題としてはノンセンス（無意味）なものとなります。

これまでの議論をまとめておきましょう。ウィトゲンシュタインの『論理哲学論考』の目的は、「語りえるもの」と「語りえないもの」に分けることで、「語りえるもの」だけが世界を構成することを主張するものでした。「語りえるもの」とは真偽を判定できる命題のことで、その真偽を判定できるとはどういうことかを徹底に議論しました。この結果、ウィトゲンシュタインは、同書の序文において、「哲学の問題を本質的な点において最終的に解決した」と主張しています。しかし同時に、「哲学の問題が解決されたとしても、ほとんどなにもなされたことにはならない、ということを示している」とも述べて、この二つがこの本の価値であると記しています。つまり、「哲学の問題をすべて解決したことが何の意味もないことを示したこと」がこの本の「価値」であり「意味」であると述べているわけです。これはどういうことでしょうか。

「語りうるもの」は何かを明確に示したことがこの本の特徴で、それによって「哲学の問題を解決」したが、それは「何の意味もない」ということは、意味は別のところにあると考えるべきでしょう。当然、それは、「語りえない」ものです。実は、『論考』は「語りえるもの」を論じることで、「語りえないもの」の存在を示すことを目的とした書だったのです。価値は、論理や倫理と並んで、「語りえないもの」の代表の一つです。「倫理や論理は世界の条件」ですから、このような重要な事項を、このまま「語らない」で済ませてよいのでしょうか。『論考』を執筆した後、哲学の仕事は終わったとして学界を去ったウィトゲンシュタインは、約十年の後、大学に復帰し、この「語りえぬもの」を直接は語らずに、その本質を示す議論を展開します。それが「言語ゲーム論」として結実するのが、彼の死後に公刊された『哲学探究』でした。ですので、話はまだ半分までしか済んでいませんが、「ウィトゲンシュタインの価値」の話はとりあえずここで中締めにします。

2　価値と創造

1　価値と共創

共創とは何か

価値創造が共創（co-creation）であることは今や経営の常識となっています。「共創」という漢字は、「競争」と発音が同じこともあって、多くの経営者が共創という言葉を好んで使うようになり、最近は、役所や大学も使用するようになりました。

しかし、共創とは一体何でしょうか。協力して何か創るということを指すようですが、単に協力しましょうということだけでは、あえて共創という別の言葉を使用する必要はないでしょう。共創は、漢字で見ても、音で聞いてもカッコよいために、中身が空虚なまま宙に浮いているような感じです。

価値創造も同じような傾向がありますが、これを「地に足を付けた」活動に落とし込むことが必要です。

「価値の共創」という概念は、比較的新しいもので、経営学の世界では、ミシガンビジネススクールの教授であったプラハラードが、二〇〇四年に公刊されたラマスワミとの共著 *The Future of Competition: Co-Creating Unique Value with Customers*（邦訳『コ・イノベーション経営―価値創造の未来へ向けて』）で、この概念を体系化し、広く知られるようになりました。共創とは何かを考えるためには、「価値の共創」という実践のどこが新しいのかを考える必要があります。そのヒントは、プラハラードの本の副題の Co-Creation Unique Value with Customers の中に見つけることができます。プラハラードは、わざわざ value に unique を付けているのです。しかし、この unique は日本語のタイトルには訳出されていません。

価値創造の世界において、既存の価値を再生産する行為と新たな価値を創造する行為は大きな違いがあります。価値共創が対象とするのは当然後者です。その差異に気づくことが、価値共創を理解する第一歩です。

企業が工場で日々生み出す製品あるいは提供可能なサービスは、原則として常に同じ価値を提供するものです。製品やサービスによって提供される価値が変わることがあれば、品質管理に問題があることになります。ですので、企業は常に価値を一定に保つように、最大限の努力をします。しかし、時間の流れる世界で、全く同じことを「反復」することはできません。技術も変わるし、顧客の好みも、自然環境も、政治環境も変わるでしょう。ですので、いずれ同じ価値を提供し続けることができなくなるわけです。

しかし、工場で同じ製品を大量生産する方法は、大変効率的に価値を創造してくれるので、企業は簡単にそれを変えたくありません。ところが、そうするといつかは売れなくなる日が来るので、イノベーションが必要というのが、これまでの主張でした。しかし、これではあまりにも論理が飛躍していると感じないといけません。イノベーションが何であるかも、そのための方法が何かも示さずに、イノベーションが必要と言っても実際は何も言っていないのと同じです。このような短絡的な言説に惑わされて、イノベーションが大切だと思うようでは、unique value は想像/創造できません。

もちろん、プラハラードはそのような単純な議論は展開しません。unique value を創造するための源はどこにあるのか。その鉱脈を見つけるためには何にフォーカスすればよいのか。プラハラードは「経験」に着目します。

経験から生み出される価値

プラハラードの「経験」を議論する前に、時代を八十年ほど遡り、デューイの名著『経験と教育』から、「経験」の意義を考えてみましょう。デューイは20世紀前半を代表するアメリカの哲学者で、プラグマティズムの哲学を体系化した大変著名な学者です。教育に関しても多くの著作があります。最近は再評価され、再び名声が世界的に高まっています。

デューイの『経験と教育』は、「第1章　伝統的教育対進歩主義的教育」から始まります。難しそうに見えるこのテーマも、今の言葉で置き換えれば、「詰め込み式教育対総合的教育」と言い換えることができます。八十年以上前のアメリカが舞台ですが、議論は、総合的学習をめぐる日本での議論とよく似ています。デューイは「進歩主義的教育」の立場から議論を展開するのですが、「思考力を伸ばすことが大切」などという安易な主張は決してしません。

ちなみに、「生徒の思考力を伸ばすことが大切」なんて声高に言う人は、ほとんど「思考」していない場合が多いです。思考力を伸ばすには、何が必要か、この点をとことん考えないといけません。したがって、デューイは「詰め込み式教育（伝統的教育）」も完全に否定するわけではありません。

重要なことは、どのように教育すれば、生徒の思考力を伸ばすことができるかです。そこで、デューイは生徒の「経験」に注目します。生徒の経験こそ、生徒が習った学科目の知識を生徒の能力の向上に結びつける最良の方法であると主張します。タイトルが『経験と教育』なのはこのような理由です。ここまで理解できれば、どのように学科目の内容を生徒の経験に結びつければよいのか、生徒の経験を教師はどのように指導すればよいのか、教材はどのように組織化すればよいのかという話になり、デューイはこれらの点について丁寧に説明していきます。

具体的な内容については、デューイの本を読んでいただきたいですが、特に重要なことは、経験とは、動的な（時間的な）現象であり（デューイは「経験の連続性」と呼びます）、経験することで、その経験の前提となる客観的な条件が変わり、経験そのものが変化することです。デューイはこの点こそ、教育者が指導しなければならない側面であると強調します。そのためには、指導者は経験の質が評価できなければなりません。経験の質を評価するためには、指導者は生徒に共感する必要があります。これらはすべてデューイの本に書かれていることなのですが、後述するデザイン思考の本質と非常に似ています。

デューイが経験を重視するのは、彼の思想であるプラグマティズムに裏打ちされています。プラグマティズムは実践の中に真理を求める考え方です。経験は実践そのもので、そこにしか真理は存在しないことをデューイは主張しているのです。しかも、経験は個人的なものではなく、経験の対象が社会から与えられ、経験が社会を形成する以上、「人間の経験はすべて究極において社会的な事実」なのです。価値創造に話を戻せば、経験こそ価値が創造される場ということになります。プラハラードの価値の共創も、経験という概念が鍵を握ります。

価値が生じる場面

それでは、価値が生じるのはいつでしょうか。製品やサービスを購入した時でしょうか。それとも使用した時でしょうか。たとえば、あなたがお店で水を買った段階では、あなたにとっては、価値は何も発生していません。あなたがその水を飲む時、価値が発生します。水は一瞬で飲めませんから、水が欲しいと思っている時間、水を飲んでいる時間、のどの渇きが解消した時間を経験することで、価値が生じます。これが経験です。

一方、企業は製品やサービスが販売された時に、価値が生まれると考えがちです。しかし、これは正しくありません。そもそも貨幣が入ってきただけでは価値が発生していないことは、水を購入しただけでは価値が発生しないのと同じ原理で理解できると思います。さらに、その売った水が腐っていたり、ペットボトルの不具合で顧客を傷つけてしまったりしていたら、価値の発生どころか、損失が発生してしまいます。したがって、企業にとっても、製品やサービスが消費という経験を通過しない限り、本当は、まだ価値は生まれていないのです。もちろん、本のように、読んで面白くなかったから返金してくれというクレームを受けつけないビジネスもあります。しかし、そのような顧客の経験を無視することは、必ず次の価値創造に影響するでしょう。

プラハラードは、製品やサービスを使用する顧客の経験の中で価値が生じることを見抜き、企業経営の焦点を、販売から顧客の経験へ移すように主張します。顧客の経験を企業が共有することを共創経験と呼び、これが価値の土台になると指摘します。これは、売ったら終わりと思っていたこれまでの企業の価値観を大きく転換するものでした。しかも、共創経験は、カスタマーセンターで顧客の苦情を聞くというようなレベルではなく、顧客と一緒に新しい価値を創造する経験の質が今後の成否に影響することを繰り返し主張します。

経験の質についてはデューイも繰り返し指摘しています。デューイの考える経験の質は、経験の良否の判断に加えて、「経験がその後の経験にどのような影響を及ぼすか」という点にあります。つまり、経験というのは連続性という特徴を持っており、将来に対する影響の芽は経験の中に胚胎しているのです。これはプラハラードも同じ理解で、経験のネットワークを構築せよと主張します。プラハラードの本にデューイの引用はありませんが、アメリカで教育を受けたプラハラードがデューイの影響を受けていることは想像に難くありません。特に、経験の位置づけは、デューイの議論と本質的に同じであると言ってよいと思います。

プラハラードは経験の質の議論をさらに展開し、経験のパーソナル化を追求せよと主張します。これも、従来の企業の感覚からすると逆になります。多くの顧客の要望には対応しても、少数の要望であれば無視することが常識だったからです。しかし、それでは企業は過去に設計した価値しか再生産できません。

製品やサービスが、顧客の使用経験を通じて生じるとすれば、その経験は個人的なものです。個人的な経験に応えることができればできるほど、価値創造の機会は広がります。一方、個人は多様なので、それぞれの個別の要求に応えていたらきりがないと思われるかもしれません。しかし、多様な個人の要望に応えていくことが技術的に可能なら、それは無理どころか、新たな可能性を切り開くものです。実際、ICT技術をはじめとする現在の技術はそのパーソナルな要求の多くを現実化できるところまで進歩しています。

個人の経験を基本にするというと、これは非常に私的な閉じた社会ではないかと思われるかもしれませんが、それは全く逆です。プラハラードは、価値共創の発想は「組織の視点で個人を見るのをやめて、個人の視点で組織を見る」ことであると主張し、このことによって、企業中心ではなく、個人を中心とする「真に民主的なグローバル社会」が生まれるだろうと予測します。それは、「組織の都合ではなく、個人の都合が優先される」社会です。これほど社会的な主張があるでしょうか。

ちなみに、デューイは『民主主義と教育』という本の中で、教育を通して個人の資質を開花させて民主主義へつながる道について議論しています。プラハラードは、デューイが八十年以上前に教育を通じて実現しようとした社会を、企業を通じて実現しようとしていると言えるでしょう。

価値共創の実際

価値共創の実際を考えるために、Minimal Bean to Bar Chocolate 代表の山下貴嗣氏のケースを取り上げてみましょう[3]。もともとコンサルタントをしていた山下さんは、一念発起し、チョコレート会社を立ち上げます。事業化のポイントは、カカオ豆の世界の産地を回って豆を買い付けることと、チョコレートと日本文化を結びつけて、Minimalのチョコレートを顧客に広めていくことにありました。

山下さんは仲介者を通さずに直接ビジネスを展開していきます。カカオ豆の買い付けなどは通常は商社に任せるのですが、山下さんはジャングルの奥深くまで入って行ってカカオ豆を買い付けていました。何度も、ナイフやピストルを持つ強盗に襲われ、現金を持ち逃げされ、虫に刺されながらも、現地の農家と会うことでチョコレートの原点を経験されたそうです。

一方、山下さんは、日本人として、日本文化の本質は「引き算」にあると考え、これまでいろいろな味をつけるという意味で「足し算」の文化であったチョコレートを「引き算」で作ろうと考えます。だから、お店の名前もMinimalなのです。

新しいチョコレートですから、その味をできるだけ多くの人に経験してもらう必要があります。普通のチョコレート店は顧客の回転を速めるためにお店の滞在時間を短くするのですが、山下さんのところでは、チョコレートが食べ放題でいつまでも滞在できるそうです。ファンとの交流も熱心で、定期的にチョコレートのワークショップも開かれています。これらはまさに、プラハラードの言う共創経験の組織化です。

このような共創経験の極めつけは、インドネシアのカカオ豆農家との経験でした。山下さんはフェ

3　二〇二〇年九月三十日にV.Schoolで実施された山下氏の講演に基づいている。

アトレードを標榜して、良い豆には市場価額の二倍や三倍の値段をつけて購入する方針でした。それならどんどん買えるだろうと思われるかもしれませんが、買い付け量が少ないので、三倍の値段で1トン売ることは、元の値段で3トン売るのと売上げが同じなので、残りの豆が売れなければ現地ではそれほど魅力のある話ではなく、ほとんど売ってくれない場合もあったそうでした。しかし、質の良い豆をどうしても売ってほしいと考えた山下さんは、現地でカカオ豆を使ったチョコレートのワークショップを開催します。

山下さんは、良い豆と悪い豆が分かるので、その地域の良い豆で作ったチョコレートと、悪い豆で作ったチョコレートを試食させます。このワークショップは大盛況で、今まで自分で作ったカカオ豆の最終加工物（つまりチョコレート）を知らなかった農家の方々から大変喜ばれ、多くの農家が来年は（山下さんが買いたい）良い豆を作るように努力すると山下さんに言ってくれたそうです。

しかし、次の年に同じ場所に行ってみると、ほとんどの農家は山下さんの希望通りのカカオ豆を生産しておらず、従来の大量生産方式のやり方を続けていました。その中で一軒だけ、山下さんのやり方に感動して、質の良いカカオ豆を育てて山下さんに売ってくれる農家がありました。山下さんは、何年か後に、その農家の人に「どうして（少量しか買い付けない）自分にカカオ豆を売ってくれるのか」と尋ねたそうです。その時、農家の人は、「自分は今まで、自分の畑でとれる豆がこのように食べられていることを知らなかった。カカオ豆農家は農地を大きくすることで収入を上げようと努力してきたが、それには限界がある。これからの農家は豆の質を上げることで収入を上げないといけない。お前はそれを教えてくれた」と答えたというのです。それを聞いて山下さんは思わず涙したそうです。

これは、まさに共創経験によって、新しい価値が生まれた瞬間です。カカオ豆農家とチョコレート職人の経験が交差しなければこの価値は生まれませんでした。しかし、多くのカカオ豆農家は旧態依然のままです。したがって、カカオ豆の質の向上を目指す農法が主流になるかどうか分かりません。しかし、カカオ豆の質の向上の大切さが農家に伝わる可能性があるという発見は山下さんには大きな価値であり、カカオ豆農家にとっても豆の質の向上というイノベーションともいうべき発想の転換をもたらしたのです。

このような価値創造は合理的な発想から導けるでしょうか。山下さんは、「どのように考えて事業を進めたのか」という学生からの質問に対して、「価値は合理では創造できない。直観に合理を重ねていくことで価値が生まれる」と答えました。つまり、合理的な思考からは新しい価値は生まれない、直観が基本にある、直観があってこそ合理的な思考が役に立つ、ということだと思います。これは、まさに主観と客観の相互作用で価値が創造されると考える、後述する「価値創造スクエア」(第3章参照)の思想を体現しているものです。

発想を転換する

価値を創造するには発想の転換が大切です。たとえば、「食品ロス」についての事業プランについて考えてみましょう。食品ロスは、社会の重大な問題で、そのロスをどのように改善するかは、資源の保護だけでなく、貧困対策としても可能性があります。しかし、「食品ロス」そのものの意味は、どこまで理解されているでしょうか。

そもそも「食品ロス」とは何なのでしょうか。皆さんは、レストランに行って食べ物を残したり、購入した食品を使用せずに捨ててしまうことや、スーパーや飲食店での売れ残り、あるいは規格外の野菜や魚などを思い浮かべるかもしれません。しかし、これらは本当にロスなのでしょうか。もしロスだとしたら、そのロスは誰が負担しているのでしょうか。

たとえば、レストランに行って、エビフライ定食を注文してエビを一尾残したとすると、そのエビは当然食品ロスですが、それはレストランの損失でしょうか。そんなことはありませんよね。そのエビの値段は定食の価格に含まれていて、そのエビを食べようと食べまいと、少額の廃棄コストを除けば、経済的にはレストランのロスではなく、エビフライ定食を注文したあなたの負担になっているわけです。

つまり、食品ロスの大半は経済的には何らかの形で消費者に転嫁されて、消費者が負担していることになります。ですので、この経済システムが回る限り、お店側（企業側）には食品ロスを減らそうという経済的インセンティブが働きにくいのです。これは、コンビニでの弁当の廃棄などについてもあてはまります。食品ロスをなくすためには、消費者が余分なものは買いたくないと言わないといけません。「量り売り」はそのための制度でありますが、買う方も売る方も面倒なので、それほど普及していません。なお、「面倒」というのも一種のコストです。

これらの問題を解決する手段として、たとえば、残したエビフライの値段をお店から返してもらうシステムを導入すればどうなるでしょうか。エビフライ定食500円として、エビを残したらお店が50円返金するのです。食べ放題とは全く逆の発想です。最初から、食べきれない商品を出すお店に責任があるという考えです。もちろん、返金してもらってもエビは捨てられるわけですから、その個別の事象レベルでは食品ロスは減りません。

しかし、お店にとっては返金すると損失ですから、もっと顧客のニーズにあったメニュー作りを工夫するようになるでしょう。最初に、顧客がどのようなものを、どのくらいの量、欲しているかを反映したメニュー作りが進むと思います。顧客ごとのメニュー作りに進んでいくことでしょう。全品アラカルト方式はこれに近いかもしれませんが、アラカルトでも注文しすぎて残されると店は損をするので、顧客が食べ残しをしないように様々な工夫をするようになるでしょう。このように考えていけば、食品ロス返金システムによる食品ロスの削減という事業ができるかもしれません。

もちろん、こんなビジネス、実際にできるかどうか全然分かりません。ただ、一般的に考えられているように、食品ロスになりそうなものを消費期限までに消費したり、誰かに売ったり寄附したりして消費したりするのではなく、ロスを返金してもらうことで結果として食品ロスを減らそうというのは、一種の発想の転換です。発想が転換できれば、必ずそこには新たな価値が創造されることになるので、発想を転換する訓練を日ごろから積んでおくことはとても重要です。

2　価値と評価

価値と価格

価値は、個人の満足の段階にとどまっていれば、主観的な現象にすぎませんが、それが何らかの方法で評価されて客観的に可視化されると、その評価されたものが価値のように見えます。価値（value）と価格（prices）の関係がまさにそれです。

たとえば、ピカソの「泣く女」に国内で10億円の値がつけられ話題になったことがありますが、町の似顔絵師の２０００円の絵よりも、誰だって、ピカソの「泣く女」のほうが、圧倒的に価値があると思うでしょう。しかし、シェイクスピアの「ハムレット」が文庫で５００円で読めるとして、「ハムレット」は「泣く女」より圧倒的に価値が低いと言えるでしょうか。そんなことは誰も思わないでしょう。それは比較しているものが違う、「泣く女」と比較すべきは、「ハムレット」の原本だという人もいるかもしれませんが、原本でも文庫でも内容が同じであれば、芸術作品が与える感動という意味では同じはずです。このような単純な例を見ても、価値と評価の関係が一筋縄でいかないことが分かると思います。

また、私たちは、たとえばコンビニで１００円のペットボトルの水を買う時、その水の価値は１００円であると考えがちですが、これも正しくありません。なぜなら、あなたはその水が１２０円でも買ったかもしれないし、場合によっては２００円でも買ったかもしれません。つまり、１００円で買ったということは、あなたはその水に100円以上の価値を見出していたからです。したがって、それは等価交換ではないのです。経済学では、市場では無数の消費者と供給者の間でそのようなずれが調整されると教えてくれますが、そんなことは水を買うあなたには全く関係がありません。このように、個々の人間にとって、価値と価格は常にずれています。

「価値」は英語ではvalueですが、これに動作や状態を表す名詞語尾のationをつければ、valuationつまり「評価」になります。主観的なvalueに何らかの動作を加えて客観的な状態にすることをvaluationと理解してもよいでしょう。漢字の世界でも、どちらにも「価（あたい）」という文字が入っています。このように価値と評価は、言語的に見ても絡み合っていますが、この二つをうまく分離できない限り、価値の本質は掴めません。価値の本質が掴めなければ、その創造はなおさら難しいでしょう。これからこの深みに分け入っていきましょう。

主観と客観の関係

価値と評価の関係が複雑になるのは、価値というものは本来主観的なものでありながら、いったん何らかの方法で評価されるとそれが客観となって、もともとの主観的な価値に影響を与えてしまうからです。また、いくら自分の中ではこれが大事だ（価値がある）と思っていても、それは主観の段階にとどまっていては他人には認識できません。ですから、人間に認識できる価値はその評価値としての客観的な「値」でしかないので、一つの評価値に過ぎない「値」を、本当の価値と勘違いする現象が広く一般に生じています。

この区別は価格以外の評価値を例に取れば分かりやすいと思います。たとえば、レストランを予約しようと思った時に、そのお店の評価値（たとえば5段階の星の数）を参考にする人は多いことでしょう。この場合は、レストランの価値というものが最初に存在していて、それを利用者が評価した結果が評価値なので、評価値をレストランの価値そのものと思う人はいないはずです。評価値は食べたり、味わったりすることができないから、価値そのものではないことは誰にとっても自明のはずです。

ところが、これが価格になると、貨幣そのものに価値があるため、価格を価値と錯覚してしまう現象が後を絶ちません。しかし、価格は価値そのものではなく、価値を貨幣額で表現した結果です。つまり、貨幣という形式を通した価値が価格であると言ってよいでしょう。したがって、価値は中身で、価格は形式です。価値そのものは取引できないので、価格という形式にのせて取引しているだけです。もちろん、取引しないのであれば、価格という形式は必要ありません。たとえば、贈与であれば価格は必要なくなります。

ここで問題になるのは、価格と価値という形式と内容は、形式が中立的に内容を反映しているか否かという点です。価格は貨幣で計測した結果（形式）ですから、中身を客観的に表現しています。しかし、認識が言語という形式に依存するように、価値も価格に影響されてしまいます。たとえば、高い食事であれば、それだけでおいしい（価値がある）と思いやすいことは、誰でも経験があると思います。また、同じ味（価値）の食事であれば、値段が安いほど満足する（価値がある）でしょう。このように中身であるはずの価値が、主観であるがゆえに、価格という客観（形式）に影響を受けてしまうのです。

それでは価格に影響されずに、中身の価値だけを取り出すことはできるのでしょうか。それには判断を一旦停止して対象を見る、前章で説明した「エポケー」が有効です。そうすると今までとは違ったものが見えてきます。

判断停止

価格を判断停止（エポケー）して、対象を見てみましょう。ペットボトルの水であれば、少し想像が膨らみにくいので、リンゴ農家が自家製のリンゴを販売していて、あなたがお客さんであると仮定しましょう。もし、この農家がリンゴ二個500円で販売していたら、購入者であるあなたは、まずこのリンゴが二個で500円に値するかと考えるでしょうが、値段を判断に入れなければ何が見えてくるでしょうか。

まず、リンゴを購入することから生まれる価値がいろいろ想像できます。リンゴの価値はおいしさが基本ですが、リンゴは健康に良いから食べてみようとか、食べたことのない種類だから食べてみようとか、形や色がきれいだからおいしそうとか、いくらでも想像は膨らみます。この全体があなたにとってのリンゴの価値で、それは二個500円の値段とは何の関係もありません。

これを農家から見ればどうでしょうか。リンゴの木を植え、栽培し、収穫して、お店に運んで並べるという、リンゴという商品の過去が見えてくるのではないでしょうか。あるいは、このリンゴを食べて喜んでもらう姿を想像しているかもしれません。丹精を込めて育てたリンゴですが、どうしてもほしいという人がいたら、あげてもよいと思うかもしれません。しかし、リンゴ農家の方も日々の生活のための費用が必要で、リンゴをその費用を得るために育てているとすると、簡単に人にあげることには躊躇するでしょう。このように農家から見れば、リンゴを作る苦労と喜びや日々の生活の維持という価値が顔を出します。

このように考えると、リンゴには、いろいろな価値が複合的に作用していることが見えてきます。これを経済学の言葉に変換すると、効用価値とか、労働価値とかいう概念に変換されてしまって、それぞれの学派が確立した方法で価格が決まると説明するのですが、そのような考えが成立するのは、リンゴを値段（価格）に還元してしまうからです。価格という形式をとり払えば、つまりリンゴに向き合っているあなたと農家の方の間には、もっといろいろな可能性が広がります。

つまり、価格という評価の枠組みを外すと、価値は外形を失って、多様な形で動きだすのです。この多様な形で動きだした価値を、既存の評価システムの枠外で掴むことができれば、それは新しい価値創造です。しかし、リンゴ一個をめぐって、そこまで考えると買う方も売る方も疲れてしまうかもしれません。そのために評価という制度があるのだとすれば、評価が世界をその枠組みに限定してしまうことがよく分かると思います。

価値創造とはこの枠組みの外に出ることに他なりません。リンゴの例だけでなく、皆さんも是非価格をエポケーしていろいろ考えてください。エポケーした後で、もう一度評価のシステムを見直すと、いかに私たちが評価を前提に行動しているかが分かると思います。その枠組みを疑うことで、価値創造のチャンスも多くなります。

3 金儲けは悪いことか

お金は汚いものか

V. School は価値とは何かを考え、その創造を目指すスクールですから、価値が話題の中心になります。価値とは何かを考える時は、抽象的な価値を捉えるために、経済学すら超えて哲学的な高尚な議論が繰り広げられることもありますが、価値を実装する段階になると、価値を貨幣化（マネタイズ）しないといけないので、その途端に「生臭い」話が入ってきます。この「生臭い」という表現は、対象の本質を衝く絶妙の日本語で、誰かの利益にかかわる話題一般（たとえば、人事など）に適用できます。

私は経営学研究科の教員ですが、「経営学は金儲けの学問だから」と言われることがあります。私たちは、経営学にはそのような側面があることは分かっているので、そう言われても、「物理学は宇宙を扱う学問だから」と言われた時の物理学者のように、特に何も感じませんが、「金儲け」が「悪いこと」のニュアンスを帯びているのなら、やはり少し説明しないといけないかなとは思います。なぜなら、「経営学は金儲けの学問」と言う人のほとんどは、「金儲け」をしたことのない人たちだからです。

実は、「経営学は金儲けの学問」と言われることは経営学にとっての誉め言葉で、逆に、金儲けをした人たちに「経営学では金儲けができない」とか、MBA教育のせいで企業や国家の競争力が落ちた（アメリカでは実際そう言われた時期があります）とか言われると、経営学の存在意義を疑われていることになります。このほうが経営学にはずっと深刻な問題です。

ところで、金儲けは悪いことなのでしょうか。善いか、悪いかの、善悪を問われれば、これは悪いことと言わざるをえないでしょう。キリスト教、イスラム教そして仏教も、金儲けを強く戒めていることからも、人間の知恵としてこれは明らかです。いや、ウェーバーが『プロテスタンティズムの倫理と資本主義の精神』で、プロテスタントが資本主義の精神を作ったと言っているではないかと反論したい人は、一度聖書を読んでから、ウェーバーを読み直してみてください。

これは宗教だけの話ではありません。皆さんは小さいころ、「お金は汚いもの」と教えられませんでしたか。貨幣を触ったら、汚いから手を洗いなさいと、言われた経験を持つ人も多いのではないでしょうか。実際、コロナ禍のころは、本当に汚かったかもしれませんが、それ以前の日常生活において、お金を触って病気になる可能性は皆無だったと言えるでしょう（多分今も実際はそうでしょうが）。それなのに、なぜ「お金は汚い」と子供に教えないといけないのでしょうか。

以前、村上ファンドを創設して、企業買収を繰り返して経済界を席巻していた村上世彰氏が、インサイダー取引で逮捕される寸前の記者会見で、「お金を儲けることが悪いことですか！」と叫んだのを今でも忘れることができません。東京大学法学部を卒業して通産省に入り、40歳前でファンドを設立して、経済界に大きな影響を与えた（阪急と阪神が合併せざるをえなかったのも村上ファンドから会社を守るためでした）、日本では超エリートの村上さんが、こんな簡単なことも知らなかったのかと、唖然としました。なぜなら、宗教は抜きにしても、「お金を儲けることは悪いこと」に決まっているからです。

勝ち逃げはずるい

金儲けは悪いことかどうかは、麻雀を例に取れば分かりやすいと思います。麻雀は四人でするゲームで、最初に点棒という「疑似貨幣」を平等に持ってゲームがスタートし、勝った人が負けた人から点棒をもらうゲームです。この点棒にお金のレートを掛けると賭け麻雀になり、レートが高すぎると賭博とみなされる恐れもあります。

麻雀は四人の中の誰かが勝ちます。つまり、「点棒を儲ける」わけです。それは、他の三人にとっては悪いことです。それでは、勝った人にはそれは善いことなのでしょうか。麻雀では、勝ってすぐゲームをやめる「勝ち逃げ」は非常に嫌われます。また、勝っている人が「安い役」(簡単な上がり方)で上がったりすることも、負けている人にチャンスを与えないことになるので、人間同士の対戦では軽蔑されます。

誰かがゲームに勝ってそれで終わると、勝った人が儲けてしまうので、負けた人が困ります。ですので、もう半荘(1ゲームという意味)やろうということになって、麻雀の実力が同じなら、何回もやれば誰でも同じように勝てるようになります。結局、皆勝ったり負けたりで、大勝もせず、大負けもしないで、「またしよーぜ」で終われるのが麻雀のよいところです。万一、勝ってしまっても、そのあとの食事をおごることで清算することもよくあります。

それでは、麻雀である人がずっと勝ち続けたらどうなるでしょうか。当然、誰もその人を誘ってくれなくなって、結局、勝った人も麻雀を続けられなくなります。したがって、「点棒を儲ける」ことは、誰にとっても善くないことになるのです。つまり、麻雀をする人は、麻雀をすることが目的であって、点棒を儲けることが目的ではないからです。しかし、点棒がなければ、麻雀は非常につまらないゲームになってしまって、とても続けられないでしょう。

　この麻雀というゲームにおいて、点棒がないと続けられないけれど、点棒を獲得することが最終的な目的ではないということは、経済活動において、金儲けが最終的な目的ではないこととてもよく似た構造を示しています。それでは、点棒やお金とは一体何なのでしょうか。

貨幣の本質

　お金の量は有限ですから、誰かが「金を儲ける」と、誰かが「損をする」わけです。損をした人はもちろんですが、金を儲けた人も、儲け続けることで、その活動が継続できなくなってしまうなら、結局損をしてしまうわけです。このことを、麻雀を例に説明しました。友だちと麻雀をしたければ、勝ち続けることはご法度です。経済活動も全く同じで、何らかの活動を続けるためには、一人が儲けすぎて取引仲間が去ってしまえば、結局元も子もありません。それでも「儲け」は経済活動をする以上、どこかに生まれてしまいます。

　この構図は、人間の生活と似ています。人間は、食べるために生きているわけではありませんが、食べないと生活できません。しかし、食べ過ぎると体を壊して、やっぱり生活できません。そして、食べると必ず排泄することになります。排泄を目的に生きている人間なんてこの世に存在しないでしょう。そう考えると、儲けは、生きている限り必ず生じる、いわば排泄物のようなものと似ていることに気づくと思います。

実際に、マルクスは『資本論』で、「流通はたえず貨幣を発汗している」と述べていますし、「貨幣は糞尿であることもある」とさえ述べています。また、フロイトは、『性格と肛門愛』で「金銭は糞便ともっとも深い関係をもたらされている」と指摘しています。実際、黄金が糞便に変わってしまう神話はたくさんあるようです。これは、マルクスやフロイトのような時代を創った学者が言っているだけではありません。社会貢献型の経営で有名な伊那食品工業の堀越会長は、「利益はうんちである」と言っています。

もし、儲けた金（利益）が、堀越会長の言うようにうんちであれば、それはすぐに処理しないといけません。利益だけでなく、貨幣も糞尿だとすれば、すぐに手放さなければ、悪臭を放ってしまいます。このような話が、儲け話が「生臭い」と言われることや、子供に「お金を汚いもの」と教えることと、深いところで共通していることに気がつかれるでしょう。しかし、この話は「金儲け」は悪いことで、汚いことなので、経済活動をする以上、「儲け」たら、すぐに手放すべき（消費すべき）という単純なものでもありません。なぜなら、人間は排泄物が嫌いとは言えないからです。

小学生の間で「うんこドリル」がベストセラーになっているのをご存じでしょうか。うんこをキャラクター化した先生が勉強を教えてくれるドリルで、子供たちもこれなら喜んで勉強するようです。NHKでアニメ化されて人気の「おしり探偵」も同じ文脈で理解できます。このように、子供はうんこやおしりが大好きです。

このことはフロイトが発達段階理論で説明しているように、「肛門期」（2〜4歳）で幼児が感じる排便による快感の記憶が影響していることは間違いないでしょう。この感覚は大人になっても残っていて、病気でない限り排泄行為が嫌いな人はほとんどおらず、自分の排泄物を見て気分が悪くなる人も少ないと思います。しかし、他人の排泄物を見ることや、自分の排泄物を他人に見られることには、強い嫌悪感を持つ人がほとんどでしょう。

したがって、堀越会長の「利益＝うんち」理論に立つならば、「金儲け」は汚くて悪いことですが、自分の汚物（利益）は許容できることになります。しかし、他人の汚物（利益）は許容できず、自分の汚物（利益）も他人には見せたくないことになるでしょう。ということは、他人に見られないのであれば、汚物（利益）をため込みたいと思う人が出てきても不思議ではありません。なぜなら、マルクスが言うように「貨幣は匂わない」からです。

儲けを隠す

これまでの議論をまとめると、以下のようになるでしょう。「金儲け」は「悪い」ことであり、しかも「汚い」ことである。しかし、自分の「汚いもの」を人間は嫌いではない（むしろ「好き」かもしれない）。一方、自分の「汚いもの」は他人に見られたくないし、他人の「汚いもの」も絶対見たくない。それでは、次にどうなるかと言えば、自分の「汚いもの」を隠したいという欲求が出てくるでしょう。実際、人間は排泄行為を隠れて行います。なお、この「隠す」という行為は、人間の文化の根源として極めて重要なのですが、話がそれるのでここでは議論しません。ただ、皆さんも身の回りで何が隠されていて、そのことで何が生じているか考えてみてください。

「金儲け」の話に戻すと、「金は儲ける」けれど、「儲け」は隠す。ということになります。「儲け＝利益」とすれば、「利益を隠す」なんて粉飾会計だと思われるかもしれませんが、法律に則って堂々と「儲けを隠す」方法はいくらでもあります。実際に、経営者は合法的に「儲けを隠す」ことに日々懸命に取り組んでいます。このことは、会計の基礎知識があれば、簡単に分かることです。「儲け」すなわち、「利益」とは、「収益」から「費用」を控除した残額です。「収益」は基本的に「売上高」と考えてもらえばよいので、そこから控除する「費用」に「儲け」を潜り込ませておけば、「利益」になる「儲け」は当然小さくなります。意外に思われるかもしれませんが、多くの経営者は、この「利益」を大きくしないように努力しています。

大企業の場合は、株主のために一定の利益を上げないといけませんが、それでも純利益が想定以上に多額になりすぎることは回避しなければなりません。なぜなら、「利益」になった瞬間に、税金や配当として社外流出してしまうからです。社外流出させるくらいだったら、社内で費用（投資も含む）として使用したいと思うのは当然のことでしょう。

実際、費用として区分されるものには何があるでしょうか。原材料費、人件費、設備費（減価償却費）、各種経費が主なものです。原材料費は自らが生み出した価値ではありませんが、人件費は、企業が生み出した儲け（付加価値）から分配されるものなのです。儲けを人件費として還元すれば、利益を経由することなく、所得は増えます。研究開発に回すこともできますし、オフィスの機器を更新することもできます。これらの費用を増やしていけば、目に見える「儲け＝利益」は小さくなって、税金も少なくなります。しかし、あまり利益を減らしすぎると、株主が文句を言うので、その塩梅が問題になります。コーポレートガバナンスはまさにここが焦点です。

このような企業経営の姿は、皆さんが、今までイメージしてきた企業活動とは真逆のように感じられるかもしれませんが、企業を経営したことのある人なら、どの教科書にも書いていないけれど、ごく常識的なことを言っているだけと思われるでしょう。その場合も、企業経営は生理的現象に非常に近いという示唆は得られたのではないでしょうか。

ただ、以上の説明の中で、一つだけ大変重要なことを述べていません。それは、いかに商品・サービスから貨幣を獲得するかという側面です。つまり「マネタイズ」です。ここから先は、経営学部の授業でも教えていますし、いくらでも参考書があるので自習してください。ただし、その実践は最高レベルの難題です。

3

価値と教育

1　教育の価値

知識ではなく意味を教える

私が大学に助手として採用されたのは一九九〇年ですから、すでに三十年以上が経ち、人生の半分以上の時間を大学教員として過ごしてきました。私は、その間、他大学に出講したり、ゲストで講義したりして、勤務校以外でも相当多くの大学の教壇に立ち、様々な学生を教えてきました。

その結果私は、教育で一番大切なことは、どの学校でも同じで、「知識」を教えることではなく、「意味」を伝えることであると確信するようになりました。たとえば、「1＋1＝2」を教える時、それだけなら形式的な「知識」にすぎませんが、受講生がそれを「意味」として経験することはできません。しかし、エスカレーターに乗っていて、横に人が一人立つと列がいっぱいになる事例を伝えると、そこには「1＋1＝2」の「意味」があり、10進法の世界を考え直すきっかけになるかもしれません。

知識を形式と理解すれば、すべての知識は何かの断片ですから、勉強しようと思うと、それを記憶しないといけません。しかし、10の知識を記憶することはできても、100の知識を記憶するのはなかなか大変でしょう。ところが、100の知識を一つの意味に還元すれば、それは一つの対象になります。しかも、意味は単に記憶するものではなく、経験を通じて記憶に刻まれるものなので、単なる知識の記憶よりもずっと持続します。ですから、私は、一回の講義では、できるだけ一つの意味として教えるように心がけてきました。それは、それが教育として一番効率的だからです。

それでは意味とは何でしょうか。100の知識を一つの意味に還元などできるのでしょうか。第1章で説明したウィトゲンシュタインは、意味は使用で決まると主張しました。つまり、意味とは言葉の定義のような形式ではなく、言葉が使用される場面で決まるというのです。この使用とは経験のことです。なお、価値も使用によって生じるものですから、その点で意味と価値は同じ次元の概念です。これは、貨幣も使用しないと価値がないことからも理解できると思います。

したがって、意味を教えるためには、経験を重視した教育が必要で、座学ではなく、実験やProject-based Learning（ＰＢＬ）を含む演習が有効です。しかし、講義でも知識を意味として伝えることは可能です。

講義で意味を伝える

教育とは「知識」を教えるのではなく、「意味」を伝えるものであると言いましたが、では、意味はどのように学生に伝わるのでしょうか。もちろん、実験やＰＢＬのような演習、社会見学などのフィールドワークなら、意味は伝わりやすいでしょう。これらの授業はそのための手段ですから。しかし、通常の講義の場合、どうやって「意味」を学生に伝えることができるのでしょうか。

「意味」は、「価値」と同じく、「使用」の際に生じるということはすでに述べました。ということは、講義対象を「知識の使用状態」で示すことができれば、講義でも意味を伝えることができるはずです。では、「知識の使用状態」とは、どのような状態を指すのでしょうか。

たとえば、会計学の授業では、収益と費用が均衡して利益がゼロになる損益分岐点を求める方法を教えることがあります。損益分岐点を計算するためには、売上高、変動費、固定費などが必要になるのですが、売上高とは何か、変動費とは何か、固定費とは何かから説明し始めると、これは断片的な知識の提供になってしまって、学生はすぐに寝てしまいます。

そうではなくて、損益が分岐する、つまりビジネスをしていて利益がゼロという状態を考えさせれば、学生は頭の中だけですがその状態を経験することが可能です。そうすれば必然的に、売上高とそれに変動して生じる費用と、売上には関係なく生じる費用が異なることもイメージできます。このように説明していけば、固定費や変動費のような専門用語は後から付け足して説明すればよく、損益分岐という状態をイメージとして経験できます。そうすれば、そのプロセス全体を「意味」として記憶できます。

これは教育のあらゆる分野に応用可能です。つまり、教えようとする対象をイメージとして経験可能な状態として説明すればよいわけです。それは、結論から教えるということです。基礎的な知識がないのに、いきなり結論なんて難しいのではないかと思われるかもしれませんが、それは全く逆で、学問分野のいずれを問わず、最終的な結論の姿が一番分かりやすいはずです。なぜなら、どのような理論もそれが現実のものであれば、結論の形でしか世界に存在していないからです。世界に存在していることそのものが「意味」ですから、「意味」から教えるということは結論から教えることになります。

しかし、ほとんどの教育は構成要素から説明していくので、当然無味乾燥になり、最後に結論が出てくるところでは、多くの学生が落後してしまっています。しかも、結論まで到達した時には、時間がなくなって、その活用はほとんど教えられないケースも多々あります。実際、現実社会では全く活用されていない理論が大学で平気で教えられているのは、このような教育方法にも原因があります。

しかし、この教え方にはメリットもあります。最終形を見せずに要素から教えていけば、学生は教えられることを批判する視点を持ちにくく、教師の言うとおりにせざるをえません。しかも、定義のようなものを教えていけばよいだけですから、教育する側にはこのほうがはるかに簡単です。しかし、それは教育を劣化させるだけです。

哲学者のフーコーは、代表作『監獄の誕生』の中で、現代社会の権力を規律的権力（disciplinary power）と呼び、学校はその権力が行使される典型的な場であると指摘しました。discipline には規律という意味と同時に、学問分野という意味もあります。教育は、本来は人間を解放するための手段であるはずなのに、逆に人間を規律する手段になってしまうことに私たちは十分に注意する必要があります。

教育の対価

教育と価値を考える場合に、忘れてはならない大きな問題に、教育の対価を誰が負担するのかという点があります。その負担者が誰かによって、教育の価値は大いに左右されます。教育とは人類の知の伝達が本来の目的ですから、親が子供から教育費用を取らないように、無償の行為が基本です。そのようにして人類は対価の授受とは全く関係なく、先行する世代が後の世代に知の伝達を行ってきたのです。

無償の知の伝授の好例は徒弟制度による教育です。弟子は師匠と一緒に生活することで、師の技術を習得し、独立していきます。弟子は、何年も師のもとで修業して、一人前に育っていきます。そして、育った弟子は当然師のライバルになるので、師のもとを去らなければなりません。のれん分けはその一つの慣習でしょう。親子関係も、これに似たところがあります。成人した子供といつまでも一緒に暮らしているわけにはいきません。

しかし、一人の人間が教えられることは、限られています。無償の教育だけでは限界があります。知の範囲が広がれば広がるほど、知の伝達も組織化しなければなりません。学校はそのための制度として登場します。学校ができると費用も必要になります。教師も生活がありますから、何らかの対価が必要です。それを誰が払えばよいのでしょうか。知の伝達は、人類の義務ですから基本的に社会が負担すべきですが、その教育を受ける者が利益を受ける場合は、教育を受ける者が支払うべきという考え方も成り立ちます。

教育の質と効果はこの対価を支払うのが誰かによって大きく左右されます。教育が無償の行為であるという前提に立てば、教育の費用は社会が負担すべきです。義務教育はそのような思想のもとの制度ですし、国公立の高校や大学の場合は、部分的ですがその精神を反映しています。ヨーロッパでは国立大学の授業料を無償化している国も多くあります。この場合、費用を負担している社会（その代表としての政府）と学校がどのような関係を持つかは、社会形成にとって決定的に重要な問題ですが、ここでは学生が費用を負担する場合を考えましょう。

教えを乞う者（学生）が教えを垂れる者（教師）に報酬を払うことは、当然のことのように思われるかもしれませんが、実はこれは教育の本質を破壊しかねないリスクを持っています。無償の教育が本来の教育であるとすれば、弟子は教育から何が得られるかまだ分かっていません。そのために師匠に弟子入りするわけで、その得られるものに対する対価を最初に考えることができないはずです。逆に得られるものが分かっていれば、もう弟子入りする必要がないわけです。

これを学生と教師の関係に置き換えれば、学生が教師に対価を支払って、対価分だけの教育を受けたいと望む時、すでに学生はその内容を知っているわけですから、教育を受ける意味は非常に限定的なものとなります。たとえば、それは、自動車教習所に通うようなもので、そこでは、単なる手続きとしての技能・知識の伝授が行われているだけです。これは本来の教育とはかけ離れたものです。

教師と学生の間での対価の授受が部分的にでも避けられない現在、教師に求められることは、学生が支払った対価をはるかに上回る成果を教授することですし、学生に求められることは、支払った対価（授業料）の見返りを求めないことです。いわば、寄附やお布施のようなものです。この関係が成立しないと教育は駆動しません。

等価交換の発想は、教育の自殺行為です。何よりも学生であることのメリットがなくなります。一方、教師が労働者になってしまえば、生活のために決められた「教育」だけすればよいことになり、仕事は楽にはなりますが、その瞬間に、彼/彼女らはテキストや教材の一部になってしまい、教師としての人格を失うことになります。

知の伝承

無償の教育の価値をもう少し考えてみましょう。師匠から弟子への知の伝授はどのように行われるのでしょうか。その典型は、先にも述べた徒弟制度に見られるもので、弟子は師匠と生活の場を共にすることで、師匠の仕事を間近で見て、経験を積んで、学んでいきます。師匠も忙しいですから、弟子に直接教える時間を取ることは難しく、むしろ最初から実践の場で訓練していくほうが普通でしょう。芸能のようにいきなり舞台に立てないような場合は、稽古の時間が設けられる場合もありますが、基本は変わりません。

師匠から弟子への教育は、もちろん千差万別ですが、多くの弟子を教えてきた経験のある人なら、教えることよりも、教えないことの大切さを実感するのではないでしょうか。私もかなりの数の大学教員や博士号取得者を育ててきましたが、教えないことの大切さは身にしみて感じています。正確に言えば、最も大切なことは教えられないから、教えないだけなのですが、教えないことは教育方法として定式されているわけではないので、教育現場ではかなり難しいことです。

では、教えないで教育するとはどういうことでしょうか。私は、囲碁や将棋が趣味なのですが、囲碁や将棋の世界では、昔は内弟子制度といって、師匠の家に弟子が住み込んで修行することが一般的でした。その当時は、師匠が弟子に将棋や囲碁を教えるのは生涯に二回しかない、一回は入門時、もう一回は夢破れて（棋士になれなくて）故郷に帰る時、と言われていました。弟子は師匠ではなく、先輩やライバルなど、師匠の周りにいる環境の中で勉強していくのが通例だったようです。もっとも最近は、弟子と積極的に対局（指導）する「師匠」が増えているようですが。

師匠が弟子に教えないのは、意地悪で教えないのではなく、教えないほうが、弟子が伸びると信じているからです。それには二つの理由があります。一つは、知識というものは教えられて身につくものではなく、自らの経験の中に入って初めて身につくものなので、知識としてだけ提供するのは無駄になるところがあるからです。つまり、知識は自分の中で経験として蓄えられないと意味はなく、師匠は環境を整えてその時を待っているわけです。

もう一つの理由は、弟子が学ぶべきことが、自分が教えられる範囲を超えているかもしれないという恐れです。プロ棋士の場合によく見られますが、弟子を取る棋士はトップ棋士になることを諦めた棋士の場合が多いです。トップ棋士は、自分の対局や研究で忙しく、自分より能力の劣る弟子を指導している暇はないのです。ですので、弟子を指導しようと思う師匠は自分の実力をよく知っていて、自分よりも強くなるかもしれない弟子に、自分の知識を伝授することがマイナスになるのではないかと躊躇するのです。つまり、良い師匠は弟子を自分の色に染めないように注意します。

したがって、無償の教育の場合、弟子は師匠から直接学ぶのではなく、師匠と経験を共有することで、自分自身の能力を伸ばすことになります。これこそが教育の真髄で、それは言葉で伝達可能なものではありません。では、大学教育で、教授と学生が経験を共有する場はあるのでしょうか。もちろん、大学院生になって、教員と同じ土俵で研究するようになれば、経験の共有は日常的に起こります。しかし、学部教育ではなかなか難しいのが現状です。

それでも、講義の合い間の雑談などで、教員と経験を共有できるかもしれません。実際、大学の授業では、教員が時間つぶしのために喋っているように思われる時があるでしょう。その多くは本当につまらない話かもしれませんが、どこかで教員が自分の経験を語っているはずで、そうであれば、そこには、通常の授業の内容よりもはるかに豊かな世界への入り口が示されているかもしれません。

そのような時間がもしあれば、それは師がこれまで過ごしてきた時間を弟子と共有しているわけで、弟子はそのような経験を通じて自分の能力を磨くことができます。そこにこそ教育の価値があります。ただし、このような教育は一見非常に非効率に見えます。しかし、教育が世代の再生産という持続性に究極の目標があるとすれば、これが最も持続的な教育であることは明らかでしょう。

2 価値創造と教育

教えるべき価値とは何か

価値創造の必要性は、企業でも、政府でも、大学でも、頻繁に叫ばれていますが、そのための教育プログラムは、世界的に見ても、まだ十分に構築されていません。V.School は、Creating Value Alliance という国際的なネットワークを通して、アメリカ、ヨーロッパ、アジアの大学や機関と、価値創造の教育プログラムについて検討していますが、こちらもまだ「value とは何か」について共通の理解を模索している段階です。その意味で、V.School は世界の先陣を切った試みと言えます。

価値創造教育を語るためには、まず「価値とは何か」を考えないといけません。しかし、これは大変難しい問題です。価値は、本来哲学的なテーマですが、先に述べたように哲学者が個別に価値について議論していることはあっても、哲学として価値についての理論がまとまっているわけではないからです。これは、一つには価値を専門に扱う学問分野として経済学が急速に発展してきたこととも関係しています。たしかに、経済学において、価値は、現在の主流派の新古典派経済学においても、かつては隆盛を極めたマルクス経済学においても、中心概念です。しかし、その理論を細かく見ていくと、価値創造にとって最も重要なポイントである「価値はどのように創造されるのか」という点が、定義もしくは仮説として前提になっているだけで、価値そのものについては十分に検討されていないことが分かります。

たとえば、新古典派経済学では、価値は効用として定義されますが、効用が具体的にどのように生み出されるのかについては十分に理論化されていません。多くの研究は、ある一定の条件下で成立した価格を効用とみなして議論を展開していますが、それは仮説にすぎません。一方、マルクス経済学では、新古典派経済学よりもはるかに多くの価値概念が出てきて、かつては「価値形態論」という研究分野まであったくらいですが、最終的に価値は労働の投下時間で測定されるので、その前提を覆すとマルクス経済学ではなくなってしまいます。価値創造にとって重要なポイントは、目に見えない主観的な価値と目に見える客観的な価値（その一般的な形式は価格）の関係なのですが、この点は経済学では十分に解明されていないのです。

ただし、マルクスは、さすがによく分かっていて、この問題を商品から貨幣への転換ととらえて、それを「命がけの飛躍」と表現しています。これは、かのマルクスをしても、目に見えない価値（商品が持つ価値）と目に見える価値（商品の価格）の関係は、文学的表現でしか説明できないことを示しています。なお、もう少し続ければ、マルクスは、目に見えない価値の本質を労働時間の投下によって生じると考えて可視化して、労働価値と貨幣価値の差が資本家に搾取されていると訴えたのですが、目に見えない価値が労働時間によって構成されている理由は明確には示されていません。

このように本来価値を対象とする学問であるはずの経済学では、長年にわたって議論してきた結果、価値とは何かではなく、ある定義された価値の概念のもとで社会を分析するようになっているので、「価値とは何か」という問いに十分に答えることができません。こういう場合は、まず定義からスタートするしかありません。では、価値をどのように定義すればよいのでしょうか。

価値を定義する

価値の本質を議論することが大変な難問であるとしても、実際に価値創造が求められているのならば、価値の本質の議論はいったん棚上げにして、まず価値とは何かを定義して先に進むことが必要です。前述のように、経済学でも、目に見えない価値が目に見える価値（価格）に変わるプロセスについては、定義以上のことができていません。しかし、経済学は、その定義からどんどん先に進んで行って、私たちの生活を支える理論や政策を生み出しています。したがって、私たちも価値を新たに考えるためには価値の定義を再設定する必要があります。

ここで十分注意しなければならないことは、この定義次第であとの展開が大きく変わることと、いつでも定義の妥当性にもどって本質を考え直す道を残しておくことです。さらに、先に述べたように、価値の定義は社会の形を決めるほど、大きな意味を持っていると理解することも大切です。価値を市場価値とみなす定義が受け入れられたから資本主義社会が形成されたのですし、価値を労働価値とみなす定義が支配的になった国々では、社会主義の体制が形成されました。

しかし、定義が含む僅かな矛盾が、その上部に構成された社会を支えきれなくなった時、社会そのものが崩壊します。社会主義国家は、この価値の定義の矛盾が原因で、崩壊したと言ってもよいでしょう。また、資本主義社会も、成立した時から現在まで延々と資本主義の危機と終焉の議論が繰返されてきました。その根源も資本主義社会における価値の定義にまで遡ることができます。

価値創造を教育するための価値の定義は、それによって社会を説明するところまでは求められませんが、その定義は、できるだけ一般的で、だれでも納得できるものが望ましいことは言うまでもありません。納得できるということは、それだけ共通性があるということでもあります。そのためには、どのような時に私たちは価値を感じるかを考える必要があります。それは、高い芸術性に触れた時でしょうか、性能の高いＰＣを操作した時でしょうか、あるいはのどの渇きを潤した時でしょうか、それとも友だちとの何気ない語らいでしょうか。

このような中に価値を感じたことのある人は多いことでしょう。そこで、共通する感情を突き詰めていくと、どのような感情が浮かび上がってくるでしょうか。これにはいろいろ意見があると思いますが、とりあえず「満足」という言葉でまとめておきましょう。もちろん、もっとよい表現があるかもしれませんが、V.School に関わる多くの先生方と長い時間をかけて価値とは何かを議論してきた結果、私たちは、今のところ「満足」という言葉に行き着いています。

ですので、とりあえず、価値を「何らかの満足」と定義しておきましょう。そうすると、価値創造とは「何らかの満足を提供すること」であり、社会全体としては、「社会の満足度を高めること」と考えることができます。では、「満足」が増えるとどうなるでしょうか。満足が増えると、当然幸福であると感じることでしょう。ということは、「価値創造とは幸福を増やすこと」とも言い換えることができます。これを展開すれば、「世の中を幸福にするために価値創造する」とか、「価値創造で幸福な未来を生み出そう」とか、「V.School で未来を創る」とか、いくらでもメッセージ性のある主張が出てきます。

しかし、そこで表面的な耳障りのよさに流されることなく、これを教育のテーマに落とし込むことが必要です。V.School の教育は、価値創造の意味を教えることではなく、学生の価値創造能力を育成することです。つまり、「世の中に対して何らかの満足を提供する能力」を育成するということになります。ここで、教育の焦点は「価値」から「満足」に移行することになります。

満足という経験

ひとまず、価値を「何らかの満足」と定義できたとして、この定義から、学生の価値創造能力を育成するプログラムを構築するにはどうすればよいでしょうか。学生の能力を伸ばすためには、知識の提供だけでは限界があり、価値創造に関する知識を学生に内面化する必要があります。そのためには、学生の「経験」が不可欠になります。デューイが『経験と教育』で力説しているように、教育は経験と結びつけられて初めて効果を発揮するものですが、これは、学生に何らかの能力を身につけさせる場合に特にあてはまります。

その出発点は「満足」という経験を考えることから始まります。「満足」を経験として考えると、「満足」だけが単独で存在しているわけではなく、「満足」の前に、何らかの「期待」があることがすぐに分かります。「のどが渇いたので何か飲みたい」という「期待」があるから、水を飲んで「満足」するわけで、のどが渇いていないのに、無理やり水を飲んでも「満足」は得られません。また、外出中ですぐに水が飲めない場合は、どこかで水を調達するという「課題」が生じます。運よくコンビニエンスストアが見つかって、ペットボトルの水が買えるという「結果」に「満足」する場合もあるでしょう。

デューイは、経験を構成する二つの原理として、相互作用と連続性をあげています。前述のように、「経験」は、いくつかの要素に分割できますが、それらは相互に影響を及ぼしあっている（たとえば、コンビニが見つからなくて、公園の水飲み場で水を飲むとか）と同時に、連続しています（水を飲むと、ほっとして次の仕事に取り掛かるとか）。つまり、価値を「満足」と考えるにしても、単に「満足」という現象だけでなく、「満足」という経験の連続性と相互作用の中で、価値という現象を理解しないといけないわけです。

また、「期待」→「満足」の流れと、「課題」→「結果」の流れは、前者が主観的な感情内での出来事なのに対して、後者は客観的な行為として識別できます。どのような経験も、このような主観と客観の相互作用と連続性の中で体験されるわけです。これまで議論してきた「目に見えない価値」と「目に見える価値」の関係も、主観と客観の関係に他なりません。このような場の中で価値が創造され、そして経験されるわけですが、私たちはこの場を「価値創造スクエア」としてとらえ、次のようなモデルを考えました。

課題　→　結果（客観）
｜　　　　｜
期待　→　満足（主観）

この価値創造スクエアは、V.School の創設にかかわった教員が執筆した『価値創造の考え方』で詳細に説明されています。価値創造教育では、この「価値創造スクエア」を、価値創造について考える時に、共通の枠組みとして使用することができます。そうすることで、教師と学生、あるいは学生相互間で、価値についての経験を共有することができるようになります。

3 デザイン思考

デザイン思考の五つのステップ

価値創造のための思考方法の一つにデザイン思考があります。デザイン思考というのはどういう思考なのでしょうか。ロジカル思考であれば、論理的に考えるのだなとか、システム思考であればシステムとして対象を見るのだなとか、何となくイメージしやすいですが、「デザイン思考」と言われても、そのままではイメージしにくいかもしれません。

それもそのはずで、デザイン思考とは、デザイナーが仕事をする時の考え方をプロセスに分割したものなので、デザイナーの経験がなければデザイン思考というだけでは何のことは分からないと思います。このことがデザイン思考という言葉の魅力でもあり、怪しさでもあります。デザインは英語ではdesignで、これは「～から外へ」という意味のdeと、「記号」という意味のsignからなっていて、文字通り解釈すれば「記号から外へ」です。

もちろん、記号から外に出るためには、最初に記号化しないといけませんから、「記号化して外に出す」つまり「記号化して外部で適用する」という意味と解釈すれば、designの本質に近い理解になると思います。これまでの議論を思い出してもらえれば、記号化するということは、形式化するということで、「世界」を創るということです。そして、「外へ出す」とは、その「記号」を外部の「世界」に出すということです。したがって、デザイン思考では、「世界」はどこから来て、どこへいくのかということを考えることになります。

デザイン思考には、さまざまなバージョンがありますが、最も標準的なデザイン思考は、次の五つのステップからなるとされています。①共感（empathize）→②定義（define）→③アイデア出し（ideate）→④試作（prototype）→⑤検証（test）。これはデザイナーがユーザーから依頼を持ち込まれた時に、このようなステップで作品を作っていくことから、さまざまな問題解決に応用しようということで工夫されてきたものです。このデザイン思考のプロセスを、「日常生活における心の豊かさ」のような価値創造のプロセスに応用するとどうなるでしょうか。これから順番に考えていきましょう。

共感（empathize）

デザイン思考の第一ステップは、「共感（empathize）」です。なぜ、共感から始まるかといえば、デザイナーがクライアントの問題やニーズを把握する必要があるからです。これが「理解（understand）」でないところが重要です。理解であれば、対象を形式的に理解して「了解！」ということになりますが、私たちが抱える問題やニーズの多くは、言語化できないところに本質があって、言葉で説明しているのはその一部に過ぎないということが往々にしてあります。

しかも、事物の深層まで到達しないと本当に良い仕事はできません。そのための方法が「共感」です。第2章で現象学のことついて触れましたが、共感するためには「判断停止（エポケー）」することが必要です。つまり、一旦言語化することを停止して、そこで見えてきたものを表現してみると、最初に言語化した記号とは異なる内実を感じることができます。しかし、それも言語化する以上、一種の記号であるという限界はあります。

また、共感というものは深まれば深まるほど、一般化するという性質を持っています。たとえば、「リンゴ」だけではそれほど共感が深まらないですが、「おいしい」であればその範囲は格段に広がります。これを価値創造に応用する場合は、創造されるべき価値について、共感することが必要になります。これは、価値観の共通性の問題でもあるのですが、価値を考える時にとても大事なポイントです。

自分一人だけの価値であれば、何もV.Schoolを作ってまで教育・研究する必要はありません。しかし、二人以上に共通の価値であれば考えるに値します。しかも、それが多数に共有されればされるほどその価値の重要性は高まります。アーレントは『人間の条件』において、複数の個人の間の共通性が公共性の最も基本的な要件であると述べていますが、それは価値にもあてはまります。それを探り当てるために、できるだけ相手に寄り添って「共感」してみましょう。今まで気がつかなかった価値が見えてくると、心がわくわくします。

定義（define）

「共感」のプロセスの次は「定義」です。日本語のデザイン思考のテキストでは「問題定義」と訳される場合もあります。私たちの場合は「価値定義」と言ってもよいでしょう。定義次第で今後の方向性が大きく変わるわけですから、これがデザイン思考の五つのステップで一番重要なステップだと思います。

「共感」ステップでは、クライアントの問題の深い部分まで感じることが大切でしたが、今度はそれを解決するために、つまり行動を起こすために、言語化する必要があります。つまり主観の段階で議論していた内容を客観の世界に移す必要があります。形式化と言ってもよいでしょう。

この時、初めて私たちの周りに「世界」が成立します。しかも、この定義は次の行動を起こすためのものですから、抽象的なものではなく、できるだけ具体的なものであることが望まれます。これを価値に関していえば、目指すべき価値の領域を確定する作業と言えるでしょう。「日常生活における心の豊かさ」であれば、「心の豊かさ」という抽象的な言葉では行動に移せませんが、「風景で癒されたい」、「人間関係を充実させたい」、「五感を研ぎ澄ましたい」であれば、やや具体的になります。これに場所や対象まで加えれば、次の行動に移しやすくなります。

ただし、行動しやすい定義を追求するあまり、第一ステップの「共感」を損なうようなことがあると問題です。「共感」には徹底的にこだわらないと、平凡な定義しかできません。なお、デザイン思考のイノベーションは、「共感」からいかに斬新な定義に至れるかで勝負が決まると言ってもよいでしょう。そのためには、「共感」のステップをできるだけ深めておく必要があります。

定義とは、主観と客観の往復運動ですから、主観が深いほど、客観も深くなります。また、一度定義を決めたら、最後までやりきる覚悟も必要です。第三ステップ以降で困難を感じて、定義を変えたりすると、なかなか前には進めません。一度決めたことはよほどのことがない限り変えない。これはデザイン思考だけでなく、人生の鉄則です。それでは変化できないではないかと思われるかもしれませんが、本当の変化は変わらないものがあって初めて生じるのです。

アイデア出し（ideate）

定義が決まったら、それを実現するためのアイデア出しのステップに入ります。アイデア出しは、デザイン思考の中で、一番楽しいステップかもしれません。アイデアを出すためのいろいろなツールも開発されているので、それらを利用してみるのもよいでしょう。アイデア出しで一番重要なことは、定義を実現するためのアイデアをできるだけたくさん考えることです。

アイデアとは可能性ですから、それは可能性という「世界」をできる限り拡張する作業になります。デザイン思考で、人の意見を批判してはいけないというルールがあるのは、その可能性を妨げる危険性があるためです。しかし、一旦広がった世界は、収束させる必要があります。そのために、アイデアをいくつかのカテゴリーに分けて、ポストイットなどで貼っていく方法があります。模造紙がポストイットでいっぱいになったら、今度は構成要素同士の関係を考える段階に入ります。カテゴリーの間に矢印を引くのは、関係づけるための方法です。関係をつけるということは、要素と要素を論理的に結びつけるということで、ここではロジカル思考が役に立ちます。

また、一旦、要素間の関係が結ばれたらそれを全体としてイメージすることができます。そこから考えると、必要と思っていた要素が不要であったり、欠けている要素が発見できたりします。それにはシステム思考のような全体を俯瞰する考え方が役に立ちます。アイデア出しは、最初は主観からどんどん考えを出していって、それをロジカルにつないだり、システマティックに検証したりするプロセスです。つまり、それは主観と客観の往復運動です。

アイデア出しで重要なのは、ロジックやシステムのような客観にこだわることではなく、むしろ最初の「共感」のイメージ、すなわち主観にこだわることです。主観を中心にしながら、客観を補助線として、アイデアを収束させていくことが大切です。これは、価値についても同じで、自分の価値観にこだわらなければ、価値を考える意義はないとさえ言えるでしょう。

プロトタイプ（prototype）

アイデア出しが終わったら、実際に適用可能な形を作る段階に移ります。これがプロトタイプです。日本語でプロトタイプといえば、試作品という名詞を連想しますが、英語の prototype は「試作品を作る」という動詞の意味もあり、ここでは動詞として理解してください。

さて、試作品を作ることは、これまでの共感、定義、アイデア出しとは、全く異なるステップで、今まで私たちの頭の中だけで考えてきたことを、形にして「世界」に出すことです。それが製品であれば何か模型を作成することを意味し、サービスのような無形のものであれば、ビジネスプランのような計画になります。

ここで重要なことは、最も重要な部分をモデル化することです。試作品ですから、細部にこだわる必要はありません。本質的な部分だけを目に見える形にすれば、第一段階としては十分です。目に見えるようにするということは、要素間の関係をはっきりさせて全体を示すことです。これまで主観の世界にとどまっていた「共感」「定義」「アイデア」を、客観の世界で構成し直してみることです。

そこで初めて要素間の関係がモデルの構造として機能するかどうかが見えてくるでしょう。模型を作るのであれば、それは自然界という客観の検証を、部分的かもしれませんがすでに受けることになります。したがって、プロトタイプとは主観的なアイデアの最初の実践と言ってもよいでしょう。

「世界」を見る四つの方法の四つめで紹介した「実践から〈世界〉に迫る」段階に入ってきたのです。「実践」段階の特徴は、「世界」の真理が実践の中にあるということです。したがって、すべての主観的なアイデアは実践の中で検証されなければなりません。しかしその前に検証可能な形式にしておく必要があります。それがプロトタイプです。プロトタイプは、要素間の関係をモデル化したものですから、それは一つの全体（システム）でもあります。社会というシステムの中で、私たちが作った小さな「システム」が実際に機能できるのか、それを確認するのが次の段階の検証（test）です。

テスト（test）

プロトタイプの段階が終わったら、いよいよテスト（検証）の段階です。デザイナーであれば、ユーザーに解決案を提供する段階です。価値創造であれば、私たちが考えた新しい価値のアイデアを社会の中で試す段階です。これは、私たちの閉じた「世界」から、社会という開かれた「世界」との接合でもあります。自分の主観から、複数の協力者たちの間の主観を経て、いよいよ（人間がより多いという意味での）客観の世界へ旅立ちです。

ここでは、プラグマティズムの思想が有効に機能します。つまり、プラグマティズムは、社会での実践の中に世界の原理があるという考え方なので、プロトタイプをその原理に照らして検証しないといけません。私たちがこの段階で提供するものは、最終的なソリューションではなく、試作品ですから、テストとプロトタイプの間を往復して、試作品を作品にまで仕上げていくことが必要になります。

そこで重要なことは経験です。デザイナーであれば顧客との経験の共有が、価値創造であれば、価値の受け手との経験の共有が次のステップの始まりになります。先で述べたように、価値の本質は共創にあり、共通の経験こそが価値の源泉です。これは第一ステップの「共感」の実践バージョンと言ってもよいでしょう。

さて、私たちのアイデアを本格的に社会に実装するためには、時間的な持続性も考えないといけません。社会の構成原理は時間の長さによって変化するので、成果物の内容も変わってきます。製品なら耐用年数ですし、一回きりで消費されるサービスであれば、リピーターの確保の問題でもあります。この時間の問題は、デザイン思考だけでは取り扱えない難問ですが、この問題が見えてくれば、あなたのデザイン思考はほとんど成功したと言ってよいでしょう。

4

価値と社会

1　価値と多様性

多様性の罠

どこでも多様性がもてはやされる時代になっています。ダイバーシティというカタカナもすっかり市民権を得ています。ダイバーシティだけでは足りなくて、このような多様性を包摂するという意味でインクルージョンという言葉も人気です。ダイバーシティ&インクルージョンは、企業経営でも重要なテーマになっています。

もちろん、人間一人ひとりが多様である以上、多様性が人間にとって決定的に重要であることは間違いありません。また、新しい価値創造は多様性の中でしか生まれませんし、新しい価値そのものが多様性を増加させることになります。しかし、皆が、一律に多様性が大事と主張すると、そこに非常に強い「一様性」が生じます。

一方で「同調圧力」という言葉もしばしば耳にします。二〇二〇年二月にV.Schoolのオープニングセミナーをした時に、何人かの学生がV.Schoolに期待することに、同調圧力を気にせずに活動できることを上げていたくらい、同調圧力は強まっているようです。実際、三十数年前の私の学生の頃にも同調を求める圧力はありましたが、「同調圧力」という言葉はありませんでした。かなり前に「KY（空気が読めない）」という略語がはやりましたが、これも同調圧力の逆の表現です。

いずれにしても、同調圧力が強まる中での多様性の強調とはどういう意味なのでしょうか。同調圧力のもとで多様性を促進するなんて、言語矛盾の最たるものではないでしょうか。矛盾しているだけならまだ問題は少ないかもしれませんが、「多様性の拡大」が実は「一様性の拡大」になっているとしたら、問題の根は相当深いと言わざるをえません。

たとえば、女性の活躍推進を考えてみましょう。女性だけでなくすべての人にどんどん活躍してもらうことは素晴らしいことです。しかし、女性が増えるだけで多様性が増すと単純に考えてよいのでしょうか。たとえば、閣僚人事で、今回は女性が何人とか報道され、女性が多いほど多様性があるような印象を与えますが、これらの女性閣僚が首相の完全なイエスウーマンであれば、首相の権力は女性閣僚を任命すればするほど強まることになります。

これは閣僚だけの話ではありません。企業経営においても、社長のイエスマンばかりの取締役会ではガバナンスが効かないとして、社外取締役の任命が上場企業には求められるようになりました。最近は女性取締役を求める声も非常に強くなっています。社外取締役の数が多いほど、その中でも女性が多いほど多様性が反映されていて、ガバナンス上望ましいような印象が形成されていますが、社外取締役は社長が任命することが多く、多くても月一回しか取締役会に出席しない彼/彼女らにできることは限られています。社外取締役が増える分、社内的なパワーを持つ取締役が減るとすれば、社長の権力がますます強化されることになります。

このように多様性が拡大するように見えて、実は一様性がさらに拡大する現象がいたるところで出現していることを認識しておく必要があります。これが「多様性の罠」です。これでは新しい価値創造など、全く望めません。

多様性という暴力

多様性を安易に求める行動は、実は多様性と正反対の一様性を強化してしまう危険性をはらむもので、多様性を求めるあらゆる言説や手段は、構造的に多様性そのものを毀損する内容を含んでいます。たとえば、アファーマティブアクションという、マイノリティを優遇しましょうという政策は、マイノリティの社会的位置づけを固定化してしまう方向でも作用します。

大学でも、同じ能力なら女性教員を採用しましょうという運動がありますが、そうすると女性教員は女性だから採用されたのかもしれないという負い目を持つことになります。私たちが目指すべきことはマイノリティを優遇することではなく、マイノリティという概念をなくすことです。そのための過程としてのアファーマティブアクションなら意義があるでしょうが、実際にはマイノリティのポジションを固定化してしまう傾向があるのです。

多様性を求める言説や手段が多様性を毀損するように作用するのは、明白な理由があります。つまり、それは他者への「多様性の要求」そのものが、「暴力」を含んでいるからです。こんなことを「暴力」と呼ぶなんてと思われるかもしれませんが、人間が、他者を動かそうとする時、たとえそれが倫理的に善とされることであっても、そこに何らかの自己以外の力が働くかぎり、それは「暴力」として理解できます。

これは哲学における「暴力論」の考え方です。関心のある方はバトラーが倫理的暴力を批判した『自分自身を説明すること』などをお読みください。「暴力」は、他者をあらかじめ一定の方向へ向けようとすることですから、力がベクトルとして方向性を持つのと同様に、多様性とは逆の方向に作用します。その目的が「多様性」であったとしても同じです。

したがって、私たちは真に多様な社会を希望するのであれば、他者に多様性を求めるのではなく、自らが努力して多様性に寛容にならなければなりません。社会一般での多様性を求める主張は、その主張の批判者に対して極めて不寛容な姿勢を示すことが少なくありません。これは本来の多様性とはかけ離れた態度であり、そこから生まれる「多様性」とは「多様性」という名の「一様性」に他なりません。

もちろん、このような主張も、読者であるあなたに対して、暴力性を帯びています。実際、私たちは生きている以上、自分自身が他者に及ぼす「暴力」から解放されることはありません。私たちにできることは、自分も常に他者に対して暴力を及ぼしていることを自覚するだけです。そして、この自覚があるかないかが、決定的に重要です。善人のお節介が困るのは、この自覚が欠如しているからですが、残念ながら、多様性を善とする多くの言説がそうなってしまっています。

では、多様性に寛容になるには、どうすればよいのでしょうか。自分の周りにいる「多様な」存在に我慢強くなることでしょうか。そんなことをしたらストレスが溜まって、それこそ本当の暴力の引き金を引きかねません。そうではなくて、あなた自身の中にある多様性を大切にすることです。同調圧力に簡単に屈せずに、自分自身の多様性を維持すること、そうすることで他者の多様性も自分の多様性と同じように尊重すべき対象として認識できるようになります。寛容とはこのようなプロセスのことを言うのです。

思考の独立性

多様性を求める主張は言葉とは裏腹に一様性を強化する傾向を構造的に胚胎していること、多様性を実現するためには、自分自身が同調圧力に屈することなく、多様であり続ける努力をすることが必要なことを論じてきました。この意味での多様性は、単にあったほうがよいというような表面的なものではなく、それをなくしては人間でなくなるような「人間の条件」ともいうべき根底的なものです。

この問題を最も徹底的に論じたのはアーレントです。アーレントはユダヤ人であったためナチスに捕虜収容所へ送られたにもかかわらず、そこから脱走してアメリカに亡命した数奇な経歴を持っており、生涯をかけて、全体主義を批判しました。彼女の考える全体主義は、ヒトラーのような独裁者が出てきて暴政をふるうような単純なものではなく、その源は、人間一人ひとりの中に潜む、外的な圧力の前で思考停止して無批判に従う傾向の中にあることを喝破しました。彼女は『イェルサレムのアイヒマン』の中で、これを「凡庸な悪」と呼んで厳しく批判します。この「凡庸な悪」を克服するために、多様性を維持することが必須になります。

アーレントは、完全に独立して思考できる人間同士の複数性が根本的に重要であると主張しました。そして、この複数の人間の間の共通性が公共性であると議論を展開し、『人間の条件』の中で現代に通じる公共性論を構築したのです。この複数性こそが多様性の本質のはずで、人間がたくさんいるとか、人種が分かれているとか、性別年齢などは、本来的な意味の多様性とは異なります。いくら人種的な多様性があっても、老若男女が入り混じっていても、たった一人の統制下にあれば、それは多様性とは程遠い全体主義の世界です。

しかし、一人ひとりが独立した自分自身の思考を持っていれば、そしてその点において共通性があれば、それは大きな価値を持つものと言えます。だから、アーレントはそれを公共性と称して、人間の最高規範に置こうとしたのです。これは、視点を変えれば価値創造の構図と非常によく似ていることに気づかれるでしょう。価値を創造するためには、独立した個人が必要です。だから、価値創造には多様性が不可欠です。価値創造は、他者との共創ですから、そこには共通性がなければなりません。したがって、価値創造はどのような場合でも公共的（社会的な）営為なのです。

2 価値創造と民主的な社会

価値と尊厳

V.Schoolを立ち上げて間もない頃に、「國部先生は何のためにV.Schoolに参加しているのですか」と聞かれたことがありました。その時は「期待に応えるため」と抽象的に答えたのですが、現在なら、「社会を少しでも民主的にするために」と答えるでしょう。

そもそも私が大学の教員を志した基本的な理由の一つに、権威主義的な集団が嫌いだったことがあります。ですので、権威を固定して組織化している会社になんかに絶対就職したくありませんでした。しかし、実際に希望がかなって大学に就職してみると、大学も、非常に権威主義的なところがあり驚きました。それでも、会社よりはずいぶんフラットで民主的な面は残っています。ですので、私の研究者としての役割は、できる限り社会を民主的なものに近づけることにあると思って、これまで努力してきました。

価値が民主化につながることは、価値が個人の尊厳に通じる概念であることからも明らかです。カントは、『道徳形而上学の基礎づけ』の中で、「価格を持つものは、別の等価のものと取り換えることができる。これに対してすべての価格を超越しているもので、いかなる等価のものも認めないものは、尊厳を備えているのである」と述べています。この主張は、価格は価値の客観的な側面で、尊厳は価値の主観的な側面を意味していて、私たちが価値創造スクエアで、主観と客観の視点から価値を議論している考え方と符合しています。

したがって、価値の主観部分を重視するということは、個人の尊厳を重視するということであり、民主的な社会へ向かう原動力と理解できます。しかし、一方で価値を客観的にのみ考えてしまうと、価値の尊厳の部分が失われ、しかも、客観的な価値が個人の尊厳を侵食するようなことにでもなれば、これは極めて非民主的な世界の幕開けを意味することになります。民主的な社会を目指す社会運動が、極端に非民主的な社会を生み出してしまうことは、18世紀のフランス革命から20世紀の社会主義革命まで、延々と繰り返されてきましたが、価値創造にも同じような危険性があります。

このように考えれば価値創造は、民主的な社会と非民主的な社会を分ける境界線のところに存在している実践と言えるでしょう。その意味で、価値創造教育が社会に与える影響は、想像以上に大きなものがあると考えられます。

民主的な社会

「民主的な社会」とは文字通り、「民」が「主」人公の社会を意味し、英語のdemocracyも同じ意味です。「民主的な社会」が人類にとって、最高の形態であることは多くの人が合意しているところでしょう。もちろん、それは民主的な社会以上の社会を構想できないからという消極的な理由から支持する人もいるでしょうが、それでも、自分が世界の主人公であるほうが、脇役であるよりも、生き生きと活躍できそうだと、誰でも思われるのではないでしょうか。

ところがこの「民主的な社会」を維持していくことは大変なことであることも、私たちはこれまでの歴史から嫌というほど経験しています。民主主義の名のもとに多くの戦争が行われ、戦争が治まっても、民主主義の名のもとに多くの人々が殺されてきた歴史を消すことはできません。戦争までいかなくても、民主的な社会の中での、個人間の格差が生じることで、民主主義の根幹である平等が侵され、社会が特定の人間や階層の人々に支配されるという経験も、何度も繰り返されてきましたし、現在もそのような状況が克服されているとは言えないどころか、危機的状況が深刻さを増しています。

では、なぜ「民主的な社会」を維持することがこれほど難しいのでしょうか。これには諸説があって、いろいろな考え方があるでしょうが、私は、人類がまだ群れを作って生活していたころの習慣や記憶から、完全に自由になっていないことがあるのではないかと思っています。自然が脅威であったころ、人類は群れを作って、外敵から身を守ってきました。そこには必ずリーダーがいて、その指示のもとで秩序が維持されてきました。危機に臨んで、多数決などで物事を決めていたら、命がいくつあっても持たなかったことでしょう。したがって、人間はリーダーの後をついていくことに、それほど抵抗がなく、むしろそれを望むような習性を根強く持っているのではないでしょうか。胸に手を当てて、自分はどうか考えてみてください。

もちろん、自らの判断でリーダーについていくのであれば問題ありませんが、判断なくついていくのであれば、そこに非民主的な傾向が現れることになります。この自らの判断を、すべての人間が意識的にできるように訓練しない限り、「民主的な社会」は、すぐに「非民主的な社会」へ変わってしまいます。その機能を担うのが教育です。この点については、デューイの『民主主義と教育』を参考にしてください。しかし、実際の教育が生徒に対して権威的に知識を教授する場になっていては、教育が民主的な社会を促進するどころか、逆に非民主的な人間を再生産してしまうことになるのです。

残念ながら、現代の教育も後者の傾向が強いと言わざるをえません。

それなら、民主的な教育とはどのような教育でしょうか。デューイによれば、それは権威主義的な教育になりがちな、既存の知識を中心とする教育ではなく、学生の経験に根差した教育です。これを社会的な文脈に置きかえれば、全体の経験ではなく、個人の経験に根差した社会こそ、「民主的な社会」と言えるのではないでしょうか。この個人の経験の核に価値があると考えれば、価値創造教育の社会的な意義が見えてきます。

尊厳と我儘

では「民主的な社会」とはいったいどのような社会なのでしょうか。政治的な代表者を選挙で選んでいれば民主的なのでしょうか。民に選挙権が与えられていなければ、それは民主的な社会とは言えないでしょうが、選挙権を与えられていればそれでよいかと言えば、そうでありません。選挙で選ばれた人間が暴走して、民主主義を蹂躙することも、これまでの人類の歴史では何度も繰り返されてきましたし、それは現在も何も変わりません。

民主という概念の生みの親でもあるルソーは『社会契約論』において、民衆の意思を「一般意志」と呼んで、選ばれた人間（代議員）は「一般意志」に従わなければならないと主張しました。しかし、どのようにすれば「一般意志」に従うことができるのかは大変な難問です。ルソーは、民衆全員が参加する直接議会をどんなことがあっても、定期的に開催すべきと主張しましたが、これはルソーが想定した小規模な都市国家なら可能でも、現在の国家の規模ではかなり難しい課題です。

したがって、民主的な社会という概念を外形的な条件で考えることには、大きな限界があります。そうではなく、民主的な社会を実現するためには、私たち一人ひとりができることから考えていくべきです。その根源に、カントが『道徳形而上学の基礎づけ』で指摘した「個人の尊厳」があります。民主的な社会とは、「個人の尊厳」を第一の価値とする社会と定義することができるでしょう。そして、人々が「個人の尊厳」を第一に行動すれば、自然に民主的な社会が実現することになるはずです。選挙権はそのための必要条件であって、十分条件ではないのです。

民主的な社会とは「状態」ではありません。すべての個人が、民主的な社会を目指して行動する、その「方向性」こそが、民主的な社会そのものであって、それをある「状態」で満足すると、民主化へ向かう力が止まることになり、すぐに非民主的な傾向が生まれてしまいます。それを克服するためには、「個人の尊厳を第一にする」という意識を常に実践の場で顕在化させることが必要になります。

しかし、「個人の尊厳」とは何でしょうか。あなたは自分自身の尊厳が損なわれていることにどのようにして気づくのでしょうか。もちろん、誰かに侮辱されると尊厳が傷つけられたということになりますが、生活のために、あまりしたくない仕事をせざるをえない時も、やはり尊厳が損なわれています。これを展開していけば、食べたいものが食べられない時、読みたい本が読めない時、着たい服が着られない時、やはりあなたの尊厳は損なわれています。

これを「我儘」と切って捨てては、そこに非民主的な権威主義が顔を出します。「個人の尊厳を第一にする」のであれば、それをどこまでも大切にしなければなりません。そうでなければ社会を形成する方向性を生み出す力になりません。このように考えれば、価値創造は個人の尊厳と非常に近いところにある行為であることが理解できるようになるでしょう。

人民の人民による人民のための経済

民主的な社会とは個人の尊厳を第一にする社会と定義して議論してきましたが、尊厳は守るものではなく、それを発揮することで、民主的な社会が促進されます。コンビニに行って、自分の希望に合うものがなく、何らかの妥協をした時、あなたの尊厳は損なわれていることになります。それを回復させることが価値創造です。

かつて、世界が資本主義国と社会主義国に分かれていた時代、マーケットでの商品の多様性には歴然とした差がありました。社会主義国は、国家統制のもとで生産が行われていたので、製品の種類が非常に限定されていました。そこでは、人々が、商品やサービスを享受する権利が著しく損なわれていました。一方、資本主義国では、多様な商品が陳列され、その格差が民衆の不満となって、社会主義国崩壊の大きな要因になりました。

しかし、価値創造の主体が、政府から企業に移っただけでは、まだ十分ではありません。巨大な権力を持つ企業が、自らに有利なように製品やサービスを提供するようになると、公共性の点で問題が大きくなってしまいます。経済学では、この問題を市場における競争の完全性から考えますが、実際には、競争社会における価値創造の具体的な内容まで考える必要があります。その時に、プラハラードの『コ・イノベーション経営』は大変参考になります。彼は、企業は顧客ニーズを反映させるだけでは十分ではなく、顧客が主役になって価値創造をすることの重要性を説いています。これは、イノベーションの民主化を意味しています。

企業をそのように動かすためには、顧客である個人も、価値創造について高い意識と行動力を持っていることが必要です。そうでなければ、「経験の共有」という名のもとに、企業に簡単に囲い込まれてしまうでしょう。そうなっては、民主的な社会の反対になってしまいます。そこで重要な概念が「共創」です。「共創」は響きのよい言葉なので、「共創の場」が重要と言えば、誰も反対しないでしょうが、それが単なる「協力」に過ぎないのなら、これまでの企業中心の価値創造から抜け出すことはできません。

プラハラードは、価値共創経営によって、「人民の、人民による、人民のための経済が生まれる」という言葉で『コ・イノベーション経営』を締めくくっています。価値創造教育とは、まさにそのためにあると理解すべきではないでしょうか。

3　神話から自由になるために

通説はすべて間違いかもしれない

学生の議論を聞いていると、世の中で一般に言われていることを、そのまま信じてそこから議論を展開している人が大変多いように感じます。たとえば、「少子高齢化で将来は社会を支えられなくなる」とか、「財政赤字でいずれ日本が破綻する」とか、「環境破壊がどんどん進んで地球に住めなくなる」とか、極端に悲観的な見解を頻繁に目にしたり、聞いたりするので、いつの間にかそれを事実として刷り込まれてしまっているのかもしれません。しかし、新たな価値を創造していくためには、このような一般論は、すべて「神話」かもしれないと疑ってかかるべきです。

「少子高齢化」を例にとって考えてみましょう。実際に、日本では少子高齢化が急速に進んでいて深刻な社会問題とされています。「少子高齢化」になって、労働人口が減って、近い将来に生産やサービスが滞り、年金制度も崩壊すると言われていますが、本当にそうなのでしょうか。現在、日本人の個人金融資産は2000兆円もあります。普通に考えて、日本人の数が減れば減るほど、自分の取り分は増えて豊かになるはずです。豊かになれば、老後の心配も軽減されます。また、日本人はこれまで狭い国土に住んできましたが、人口が減れば、一人あたりの土地は増えます。

日本人が減って、製品やサービスが供給できなくなるのではないかと、言われるかもしれませんが、AIを初めとするテクノロジーの発展で、最小の労働で製品やサービスを提供できるようなシステムがどんどん進んでいます。また、現在もそうですが、労働集約的な商品は海外から購入することで賄えます。これを、海外への過度の依存をリスクとして心配する人もいますが、もしそうなら、その問題は「少子高齢化問題」ではなく、「海外リスク」の問題として議論しないといけません。「神話」の世界では議論のすり替えが横行しやすいので、注意が必要です。

なにより強調したいのは、「少子高齢化」によって最大のメリットを受けるのは若者ということです。なぜなら、若者の数が減ってくるわけですから、ただ生きているだけで存在価値が上がっていきます。昔は、子供は「餓鬼」、若者は「若造」や「青二才」などと言われて、社会の下の方に位置づけられていたのに、今では希少価値が高まり「神様」に近い扱いを受けることも珍しくありません。このことを自覚したうえで、それがあまりにも目立つと自分たちの優越的な地位が脅かされるので、「年金問題の一番の被害者は若者だ」と主張するのならまだしも、本当にそう思っているとすると、今持っている優位な可能性に気づかずに終わってしまうことになります。

神話とタブー

もう少し「神話」の意味を考えていきましょう。私は、現代の二大神話は「財政赤字」と「環境問題」だと思っています。今日では、この二つの話題をその根本から議論することは、「正統派」の会合ではタブー視されていて、問題提起すること自体に相当な勇気が必要になります。議論するのに「勇気」が必要という事実そのものが、この問題の「神話性」の強さを証明しています。

「財政赤字」については、日本では国債等のいわゆる「借金」が1000兆円を超えており、日本のGDPは550兆円程度なので、収入をはるかに超える借金があるので、「深刻な問題」であると言われています。そう言われると、ほとんどの人は、家計や企業の会計を思い浮かべて、これは本当に深刻な事態であると思ってしまうかもしれません。しかし、よく考えてください。国は家庭や企業とは違います。国の借金は1000兆円を超えているようですが、基本的に日本国民のために使用されているので、日本の財産がそれだけ増えていることを示しています。逆に、国家が黒字だと、国民からそれだけ吸い上げているわけです。

したがって、問題は「赤字」の大きさではなく、このようなことを続けていれば、いずれ通貨が暴落して大変なことになるという「恐れ」で、この「恐れ」こそが、「財政赤字」神話の核心なのですが、この「恐れ」が本当かどうかを解明することはタブーになっています。なぜなら、それは「神」

を暴くことになるからです。

通貨の暴落について議論するためには本が一冊くらい必要になりますが、少なくとも、現在の日本円暴落の兆しがないことと、過去に通貨危機から立ち直った国が多数あることを考えると、この「恐れ」がどのくらいの「恐れ」であるべきかが少し見えてくると思います。このように思考しないと、「財政赤字」の神話からは自由になれません。

一方、「環境問題」は、自然が介在するため、「財政赤字」よりももっと複雑です。現在、気候変動で大変なことになると騒いでいますが、これも「恐れ」を作り出して、人間の行動を変えようとする点では同じです。しかし、気温が上昇すれば、どのくらい大変なことが起こるのか、本当に分かっている人はどの程度いるのでしょうか。

その中で最大の問題の一つに、永久凍土の融解による海面上昇がありますが、永久凍土が融解すれば、それだけ人間が住める場所が拡大するのですから、そちらに移住したらよいだけです。人類は、何万年もの間そのような生活を続けてきたはずです。しかし、現在は国境があるからそれができないのであれば、世界のリーダーは直ちに抜本的な政策を取らないといけないはずです。しかし、彼/彼女らが打ち出す政策は、自分たちが多分生きていない未来の目標を掲げた中途半端なものばかりです。

これでは、環境活動家の少女グレタさんが国連で泣きながら訴える意味も分かります。つまり、リーダーたちは、自ら環境危機をあおりながら、その改善のための二酸化炭素排出の即時停止のような、抜本的な対策をとろうとしないのです。これはまさに、聖職者が、庶民に禁欲的なつつましい生活を説きながら、自らは、飽食三昧の生活をしている図と重なるのではないでしょうか。

誤解していただきたくないのは、私は「財政赤字」や「環境破壊」が問題ではないと言っているのではありません。そこに問題があることは事実ですが、その問題を皆さんは「正しく」理解したうえで自らの思考を組み立てていますか、と問うているだけです。なぜなら、これらの問題の核心には、「恐れ」があって、それを操作的に利用しようとする人々が多数いるからです。ただ、彼/彼女らの大多数は「善人」か、もしくは「善人」のように見えるので、問題がタブー視されてしまうわけです。

イノベーションという神話

V.Schoolでの中心的な話題の一つであるイノベーションも、すでに神話化していると言うことができるでしょう。国や企業の政策を見ていると、「イノベーションの促進!」という言葉で満ち溢れています。大学でもイノベーションの創出が大きな目的として設定されています。また、日本では、最近はイノベーションが起こらずに、社会全体が沈滞しているという悲観論が支配的です。

確かに、私たちの生活を飛躍的に向上させてくれたイノベーションは数知れません。古くは、産業革命をもたらした蒸気機関の発明から、最近のGAFA(Google, Amazon, Facebook, Apple)のイノベーションまで、私たちの生活は過去のイノベーションの成果を享受して成立しています。もちろん、有史以前に発明された文字や数字も画期的なイノベーションをもたらしました。

しかし、私たちは本当にイノベーションを欲しているのでしょうか。たしかに、現在は、GAFAがなければ、すぐに生活に支障をきたす状態にありますが、GAFAがない時代を覚えている私たちは、それがなくても問題なく過ごせることを知っています。これはあらゆるイノベーションの産物に対しても言えることです。

逆に、イノベーションがあるために困ることもたくさんあります。IT業界の息つく暇もないほどのバージョンアップに、もうこれ以上バージョンアップしないでほしいと思ったことのない人はあまりいないのではないでしょうか。もしも家庭で、毎日、家族の誰かが何かのイノベーションを実施していたら、ゆっくり休むこともできないでしょう。

そもそもイノベーションとは、その用語の生みの親であるシュンペーターが言っているように、ある要素とある要素の新たな結合、つまり新結合なのですから、私たちが生きているという事実は常に何かと何かの結合なので、生きることそのものがイノベーションなのではないでしょうか。私たちがこの世に人間として生きていること以上のイノベーションは、世界に存在しないと言ってもよいでしょう。

したがって、日本がGAFAのような画期的なイノベーションを起こせないから社会が停滞しているというのも「神話」に過ぎないと思ったほうがよいです。たしかに、GAFAは日本人のイノベーションではありませんが、それで困っている日本人はどのくらいいるでしょうか。むしろ、多くの日本人は、サービスの利用者として、大きな便益を享受しています。GAFAがアメリカの会社だから困ると思う人はほとんどいないでしょう。別に、日本人がイノベーションを起こさなくても、私たちは全然困らないのです。

では、なぜ「日本はイノベーション不足で停滞している」という主張が流布しているかというと、そのことによって「このままでは日本がダメになるかも」という「恐れ」を作り出して、国民を一定の方向へ向かわせようとしている力があるからです。これがイノベーションの神話の源です。しかし、イノベーションは、そもそも、このような「神話」から解放された地点でしか起こらないものなのです。

神話を利用する人たち

「少子高齢化」、「財政赤字」、「環境問題」、「イノベーション」を取り上げて、現代社会で一般的に流布している主張が、その最も本質的な点が曖昧であること、本質が曖昧であるにもかかわらずそれを議論することをタブーとしていること、しかし問題が解決されなければ「大変なことになる」という「恐れ」を中心に据えて、人間を一定の方向へ動かそうとする圧力として作用していることを議論してきました。「恐れ」を武器にして、人々を統治しようとするのは、まさに「神話」の構図そのものです。

「神話」の世界は、神様の世界ですから、すべては神様が決めてしまいます。それは、個人を中心とする民主的な社会とは対極にある世界です。価値についても、神様に認められたものしか創造できません。そんな世界は嫌だと多くの人が思うでしょうが、実際に、私たちの周りは「神話」で満ちています。特に、日本人には八百万の神々を信仰する風習があり、「神話」に対する批判力が弱いようにも思います。しかも、やっかいなことは、これらの「神話」には、表面的にはかなり強い説得力があるので、多くの善男善女が簡単に信じてしまって、この状況を増幅してしまっています。

さらに問題なのは、これらの「神話」が本当は嘘くさいと分かっていながら、現在の自分の立場や権力を維持するために、「神話」を利用する人たちが存在していることです。たとえば、財務省の役人にとっては、「財政赤字危機説」が流布すればするほど、金庫番としての財務省の権限が強化されます。「環境問題」が深刻になればなるほど、環境省や環境部門の権限が強まります。「少子高齢化」や「イノベーション」も全く同じです。

これらの問題を声高に主張することで、誰がどのような利得を得ているか想像してみてください。このような「神話」を信じているふりをしている人たちが、素直に「神話」を信じてしまう善良な人たちをコントロールしているわけです。なお、「信じたふりをしている人たち」も、決して「悪人」ではないことを付け加えておきます。世の中を善悪で判断しては、それこそ「神話」の世界に舞い戻ってしまいます。

この問題は、誰か悪い奴がいて生じているのではなく、人間社会から宗教がなくならないのと同じように、人間が多数で生活している以上、どうしても発生してしまう現象であると理解すべきでしょう。しかも、本当の神話にも意味があるように、現代の「神話」にもそれなりの意味があります。したがって、大切なことは、「神話」を簡単には信じないようにすることであって、「神話」をすべて否定することではありません。自分で十分に納得したことだけを信じるようにすれば、「神話」の中身も変わってくるでしょうし、そうすることでしか、結局、世の中は変わらないのです。

価値創造教育はそのための格好のプロセスになるはずです。なぜなら、その出発点は個人の主観ですから。皆さんも、「神話」から物事を考えることを、一旦停止してみてください。そのためには、何が「神話」かを、まず考えることから始めましょう。

4　ＳＤＧｓの価値

実は関心が高くないＳＤＧｓ

ＳＤＧｓという言葉はよく聞かれると思います。Sustainable Development Goals の略で、17の目標と１６９のターゲットから構成されています。二〇一五年に国連で採択されて、二〇三〇年の達成を目指す世界的な枠組みです。ＳＤＧｓは国の目標として設定されたものですが、民間組織の協力も奨励されていることから、多くの企業がＳＤＧｓの重要性を強調するようになり、ビジネス界ではＳＤＧｓのバッチをつける人が、特に経営の上層部で目立つようになりました。阪急電車などは、ＳＤＧｓ車両を走らせているほどです。神戸大学もＳＤＧｓ推進室を設置していますし、V.School でも初年度は価値設計の授業はＳＤＧｓの枠組みをもとに構成しました。

しかし、ＳＤＧｓの理解は意外に普及していません。多くの企業では報告書上ではＳＤＧｓに取組んでいるようですが、実際のアンケート結果から分かることは、経営の上層部の理解は進んでいますが、一般社員への浸透度は今一つのようです。また、若者への浸透も芳しくありません。二〇一九年に、國部研究室で神戸大学生のＳＤＧｓの認知度を調査しましたが、授業で習ったことのある学生以外にはほとんど浸透していませんでした。これは神戸大学に限ったことではなく、学生を対象とした大規模な調査でも傾向は同じです。

それでは、ＮＧＯはＳＤＧｓに熱心に取り組んでいるのかと言えば、ＳＤＧｓを推進するために組織された団体やメインの活動がネットワークづくりのような組織を除いて、環境問題や社会問題を対象としているNGOのSDGsに対する関心もそれほど高くありません。國部研究室では、NGOもいくつかも調査しましたが、個別の課題に熱心に取り組みをしているNGOほどSDGsへの関心は高くありませんでした。ヨーロッパに留学中の学生にも現地のNGOを調査してもらいましたが、結果は同じでした。

では、SDGsに取り組んでいると言っている企業が何をしているのかと言えば、企業のサステナビリティ報告書などを見てもらうと分かるのですが、SDGsがなくても取り組んでいたことに、SDGsのラベルを貼っているだけのケースが圧倒的に多いです。それは大学でのSDGsの取組も同様です。そのこと自体は批判されるべきことではありませんが、SDGsがあってもなくても、その活動をしているのであれば、SDGsは実践に何の影響も与えていないということになります。

NGOのSDGsへの関心が低いのもそれと同じで、SDGsがあるから今の活動をやっているわけではなく、SDGsとは独立に自らの活動をしているので、SDGsにそれほど関心はないわけです。ただし、企業や大学はSDGsをやっていることを強調し、NGOはことさら強調しないのはなぜでしょうか。それは、企業や大学はSDGsをやっていることがアピールになるのに対して、多くのNGOは、活動そのものがSDGs的なので、特にSDGsを強調する必要はないからです。ではなぜ、企業や大学にはSDGsをやっていることがアピールになるのでしょうか。

世の中でほとんどすべての人が支持するように見える概念は、常に眉に唾をつけてその本質を見抜かないといけません。大概は、表面的な主張の裏に、本当の姿が隠されています。SDGsはそのような概念の典型と言ってよいでしょう。それでは、SDGsの本当の価値はどこにあるのでしょうか。

なぜＳＤＧｓ活動を強調するのか

ＳＤＧｓの個別の目標（貧困の撲滅、飢餓の撲滅、教育の普及、ジェンダーの平等、気候変動対策、海や陸の豊かさを守る等々）は、どれも非常に重要で、それを率先する組織は評価されるべきです。ただし、これらの目標を国連が17個まとめて定める意味はどこにあるのかということが、ここでの問題です。前節では、ＳＤＧｓは以前から同様の活動を行っていた組織には追加的な意味はほとんどないことを見てきましたが、それではＳＤＧｓをやっていると強調している組織は、なぜ一生懸命にアピールするのでしょうか。当然それはＳＤＧｓの本来の目的とは別のところにあると考えなければなりません。それには大きく二つの要因があると考えられます。

一つは予算の獲得です。ＳＤＧｓは国連のイニシャティブであり、国連は世界的な資源の再配分機構でもあります。先進国と途上国の格差の解消が大きな目的で、そのために巨額の資金を先進国から途上国に回してきました。ＳＤＧｓの前身のプロジェクトＭＤＧｓ（Millennium Development Goals）は途上国支援のためのイニシャティブでした。ＳＤＧｓでは、それが全世界に拡大されたのです。ＳＤＧｓにも当然巨額の予算がついていますから、予算の獲得を目指して、多くの組織が動いています。ＳＤＧｓは国家の目標ですから、行政組織はいろいろなプログラムを展開していて、当然そこには予算がついています。ＮＧＯは、ＳＤＧｓを強調しないと言いましたが、予算獲得目的が出てくると話は変わります。

もう一つの要因は、イメージの向上です。ＳＤＧｓの17の目標はいずれも世界が直面している危機です。貧困の問題にしても、ジェンダーの平等の問題にしても、環境問題にしても、その原因が経済

ダーの差別は固定化されるというのは、言い古された主張ですが、根拠がないわけではありません。その元凶と目されやすい企業は、そのようなイメージを払拭するために、ＳＤＧｓ活動を実施していることを強調し、サステナビリティ報告書にＳＤＧｓのロゴをちりばめ、経営者はＳＤＧｓのバッチを胸につけているという側面があります。しかし、あくまでも対外的な企業イメージが重要なので、会社を代表するわけでもない一般社員まではあまり浸透していないわけです。

もちろん、予算獲得のためであっても、イメージ向上のためであっても、ＳＤＧｓに取り組んでいることをアピールすることは悪いことではありません。むしろ、世界における根本的な問題の存在に気づかせる重要な役割を担っています。しかし、実際にやっていることがＳＤＧｓ制定以前から変わっていないのであれば、ＳＤＧｓの効果はほとんどないと言ってよいでしょう。そもそも、ＳＤＧｓは、貧困や飢餓の撲滅のような個別の目標にこそ意味があるわけで、それらをまとめてＳＤＧｓと呼称しても、それだけでは何の意味もないことは、誰でも少し考えれば分かるはずです。しかも、ＳＤＧｓは国連およびその構成国家の目標であって、民間組織の目標ではありませんから、企業や大学には何の責任もなく、途中でやめても誰からも批判されません。

それではＳＤＧｓはただの資金再分配のためのイニシャティブなのでしょうか。もちろん、ＳＤＧｓの各目標には固有の重要な意味があります。しかし、それを17個も集めた全体としてのＳＤＧｓに意味はあるのでしょうか。これまで私はＳＤＧｓにやや批判的な議論を展開してきましたが、ＳＤＧｓにしか世界を救うことができない重大な価値もあります。

危機に直面する世界

SDGsは、個別の17の目標の寄せ集め、さらに各目標は169の個別のターゲットの寄せ集めなので、個々の目標やターゲットには意味はあっても、寄せ集めのSDGsに何の意味があるのかという話をしてきました。つまり、寄せ集めることの意味がなければ、SDGsの価値はないと言ってよいでしょう。しかし、現在は、この様々な目標を寄せ集めた全体にこそ、世界を救う可能性があると、私は考えています。それは、貧困や飢餓から人間を守るとか、気候変動から地球を守るとか、そういうレベルではありません。

このことを考えるために、少しだけ歴史を振り返っておきましょう。SDGsが採択された二〇一五年はサステナビリティにとって歴史に残る年でした。九月に国連でSDGsが採択され、十二月には懸案であった気候変動枠組み条約パリ協定が合意されたからです。当時は、私もこれからはサステナビリティの時代が来ると講演でよく話していたものです。

しかし、二〇一六年から世界情勢は大きく変わります。二〇一六年五月にイギリスが国民投票の結果EUからの離脱を決め、十一月にアメリカ一国主義を掲げるトランプが大統領に当選しました。アメリカ、イギリスという世界の民主主義を牽引していた国家が一国中心主義の傾向を強め、しかも自由経済の先頭に立つべきアメリカが極端な保護主義を訴えることは、サステナビリティを目指す世界とは真逆の方向です。英米以外を見渡せば、中国やロシアなど強権的な国家が力を増しており、特に中国では国家主席の独裁体制が強化され、人権抑圧が強まっています。ヨーロッパでは、極右勢力が台頭し、移民排斥の動きが強まっています。

もう少し歴史を遡れば、この状況は一九二九年の世界大恐慌後の世界と酷似しています。経済不況からアメリカは極端な保護主義政策を打ち、アジアでは（中国ではなく）日本で軍部の独裁化が強まり、ソビエトは全体主義的国家体制を作り上げ、ドイツやイタリアでは極右政権が誕生したのです。第二次世界大戦がはじまったのは、世界大恐慌からわずか十年後の一九三九年です。現代でも、二〇二二年にはロシアがウクライナに侵攻し、より大規模で悲惨な戦争の可能性を誰も否定できない状況に私たちは生きています。

このような状況を打開するためにはどうすればよいのでしょうか。これまで列挙したような国々のリーダーに期待することは逆効果です。一国中心主義的な政策は、必ず他国との軋轢を生んで紛争が起きるか、一国が強くなりすぎて弾圧もしくは抑圧が起こるかのどちらになりやすく、どちらの道も人類にとって悲劇です。頼みの綱は、軍事力があまりに強大になりすぎて、戦争できない（しにくい）という皮肉な抑止力だけということでは、あまりにも人間として情けない状況ですし、何より非常に危険です。このような状況を打開する手段としてＳＤＧｓを位置づけられないかというのが、私の主張の核心です。

ＳＤＧｓは世界を救えるか

二〇一五年以降の世界を取り巻く危機についてお話ししました。これは人類にとっての自由の危機で、これが本当のサステナビリティの危機と言ってもよいでしょう。もちろん、このような傾向は以前からありましたが、この数年間で目立って顕著になっています。しかも、世界をリードすべき大国が、自国中心的で排他的な政策をとるようになってきているので、これに対抗するにはこれらの国を超える枠組みが必要ですが、その役割を担えるのは、今のところＳＤＧｓしかないのではないかと私は考えて（悲観して）います。

私たちが世界のために闘わなければならないことは、極端な自国中心主義およびそれから派生する自由への抑圧に対してです。国家を優先すると、必然的に国家のためにという名目のもとで国民の自由は制限されていきます。しかも、国家間の対立は深刻化するばかりです。ＳＤＧｓは、このような自国中心的な発想とは全く逆の指針です。しかも、国連がお墨付きを与えている世界共通の目標ですので、国連加盟国は、表面上は反対することはできません。人権抑圧で批判されている国でも、ＳＤＧｓには真剣に取り組むと公言しています。

ＳＤＧｓの素晴らしいところは、直接世界や地球を相手にしていることです。自分や自国の利益の前に、世界の利益を優先する姿勢がそこにあります。これは世界の指導者だけでなく、すべての人類が学ばなければなりません。世界を対象としているのですから、当然目標は多元的です。17のゴールと１６９のターゲットは、それを世界に示すことで、一元的な目標から世界を解放してくれる可能性があります。このような体系は他になく、自国中心主義的な狭い思考を乗り越える方向性を、地球上の全人類に示している点で重要です。

このように考えれば、経営トップたちが喜んでＳＤＧｓのバッチを胸につけているのも、あながちアピールのためだけはないことが分かります。競争力の弱い産業は、保護主義的な政策で恩恵を受けるかもしれませんが、グローバル企業は自由市場が制限されると大きな損害を受けます。しかも、非効率な産業を保護することは製品・サービスの生産効率が下がることですから、コストが高まり、消費者にも負担が転嫁されます。自国中心主義は、自国民にとってもメリットが少ないのです。しかし、経営者として自国の指導者を面と向かって批判することは（自分の事業に影響するという意味で）よほどのことがない限り避けるべきことですから、ＳＤＧｓのバッチで代弁させているのかもしれません。

さらに付け加えれば、経営者たちは、実は利益を株主に還元したいとは考えていません。社員と一緒に苦労して獲得した利益を、なぜ顔も知らない明日は他人になるかもしれない一時的な株主たちに分配しないといけないのでしょうか。もっと、社員たちに分配し、社内留保して将来の投資に備えたいと思うのは、株主でない経営者なら当然そう思うでしょう。しかし、株主総会で選出された彼らは口が裂けてもそうは言えない立場にあります。

ですので、会社の付加価値の配分を株主偏重から改めるためにもＳＤＧｓを主張しているのではないかと私は想像しています。ＳＤＧｓを口実にすれば、従業員や社会への分配を増やせる可能性があるからです。私が、もしも経営者なら、必ずそういう行動をとるだろうと思います。最近、アメリカの経営者を中心に、シェアホルダー中心主義から、ステークホルダー中心主義への提唱がなされているのもその一例として理解できます。ＳＤＧｓの17番目の目標を知っていますか。「パートナーシップで目標を達成しよう」です。これがＳＤＧｓの存在価値であり、人類の希望です。

5　大阪市住民投票から価値について考える

コストの問題に矮小化する罠

いわゆる「大阪都構想」（正式名称「大阪市廃止・特別区設置住民投票」）が二〇二〇年十一月一日に再び僅差で否決されました。私は大阪市民ではなく投票権はなかったのですが、「大阪都構想」絶対反対の立場だったので、投票結果に安堵しましたが、そのような立場を離れても、コロナ禍で吉村知事の評価が高まって、大阪では強いはずの公明党が賛成に回っても、五年前の住民投票とほぼそっくりの結果が出たことは、価値を研究する私たちに、深い示唆を与えてくれます。

「大阪都構想」をめぐる闘いは一見すると、コストという名の価値をめぐる争いのようにも見えました。「大阪市廃止派」は、大阪市と大阪府の二重行政でコストがどれだけかかるか、過去にどれだけ無駄遣いをしてきたかを暴き立てました。一方、「廃止反対派」は、市が廃止されると行政サービスが低下すること、特別区にするとコストがかかることを主張しました。まさに、どっちが得かの価値をめぐる争いのような様相を呈していました。

投票日数日前には、毎日新聞で大阪市の試算では特別区へ移行するとコストが218億円増という報道が流れ、大阪市長がこれに激怒し、大阪市財務局長に虚偽の情報であったと謝罪までさせました。これが決め手であったという、事後報道もありましたが、本当にそうでしょうか。218億円のニュースを知る人なら、当然、財務局長の謝罪会見も見ているはずですから、決め手になるほどの影響は与えていないのではないでしょうか。
「大阪都構想」が否決された翌日、構想の生みの親の橋下徹氏が、朝の情報番組「グッとラック！」に出演し、維新側が敗けたのは、特別区に再編した時に財政効果をきちんと出せなかったからではないかという指摘があり、「いったいどれくらい効果があるのですか？」と尋ねられ、「結局、そのあたりのことはよく分からない、問題は未来に賭けて改革するのか、しないのかということだ」という趣旨の発言をしていました。つまり、賛成派も反対派もどちらも未来の財政的な効果など分からないのです。

実際、明日何が起こるかも分からないのに、未来なんて本当は計算できません。毎日新聞で報道された218億円の試算がフェイクニュースというなら、未来の予測計算はすべてフェイクニュースになってしまいます。そもそもコストがかかったら損という発想自体が、行政を企業や家計と一緒にしている誤解です。行政のコストは、市民のベネフィットになりますから、行政がコストをかければかけるほど、市民は潤うことになります。逆に、国家や行政が黒字になるということは、市民がその分搾り取られているわけです。そう考えると、特別区に移行するコスト218億円は、本当は賛成派にプラスになるはずの情報だったかもしれないわけです。

このように財政をめぐる話は何が真実か、ほとんど誰も何も分かっていないのですから、これを真剣に考えて投票するなんて全く無意味なことだと私は思います。しかし、現状はそれを選択するように賛成派も反対派も市民に迫っていたわけです。これはほとんど無意味だと分かっていて、子供に受験勉強を強要する親みたいなものでしょう。しかし、橋下氏のように、「本当はよく分からない」と分かっている人もいるわけで、しかもそれがこの構想の生みの親なわけですから、問題の奥はかなり深いと言うべきでしょう。

チャレンジすることの意味

「これからの時代に新しい大阪にチャレンジするか、現状でとどまるのか。そりゃチャレンジしかないでしょう。」

これは、「大阪都構想」の生みの親である橋下徹氏の住民投票当日のツイッターでの発言です。橋下さんは、翌日のテレビでも、「大阪都構想は政治運動である」と明言していました。つまり、いわゆる「大阪都構想」は、それによっていくら節約できるとか、どれだけ経済成長できるとか、どの程度住民サービスが向上するかという、目に見える価値の問題ではなく、「チャレンジするか」、「しないか」の価値観の問題であると言っているのです。

この主張を見れば、大阪市民が大阪都構想の説明が不十分であると思っていることは十分理解できます。共同通信社の投票直前の調査では、70パーセントの市民が説明が不十分と答えています。実際は、説明が不十分というよりも、これは政治運動なのですから、合理的に数字を挙げて説明することができないものなのです。したがって、反対派の数字も説明不能です。逆に30パーセントは説明を十分と思っているわけで、この程度の数字を上げられただけで、信じてしまう市民が30パーセントもいるとしたら、そのほうが問題だと思います。

この点については、マスコミが「説明不足」というお決まりの文句を繰り返したいために、作られている質問であることも見逃してはなりません。その裏側には、政治が言葉尽くして説明すれば市民は納得するはずという「錯覚」があります。人間は、どのような説明に対しても、それが合理的だから分かることはほとんどなくて、自分が分かりたいと思った時に、適当な数字を取り出して「分かった」気になることのほうが圧倒的に多いものです。これを「分かる」と表現して、その方向へ向かわそうとする圧力に転換すると、非常に危険です。

結局、いわゆる大阪都構想は、「改革するか」、「しないか」という、極めて単純な価値観の選択でしかありませんでした。この「改革」という言葉は、組織人ならば日常的に耳にする言葉と思います。組織に所属していると、理由も分からず、次々と改革や改善を求められます。社長は、不況期はもちろん、好況期でさえも、危機感をあおって、組織を改革しようと急き立てます。国立大学も、政治家や政府に急き立てられて、全くやる必要のない「改革」をやらされ続けてきました。

しかし、「改革」を進めるためには理由が必要です。橋下さんが言うように、「チャレンジするしかないでしょう」というだけで人間は動きません。そこで、さまざまな数字を出してきて、「改革」しなければ悲惨なことになり、「改革」すればうまくいくという「説明」をするわけです。これでは、理路が完全に逆転してしまっています。

変わらないという価値

ここまでの話をまとめれば、いわゆる「大阪都構想」の本質は、「分からないなら改革しましょう」という意見と、「分からないなら現状を維持しましょう」という意見の対立であって、大阪市を廃止して二重行政にしたらどれだけ経済成長するかとか、大阪市を廃止するのにどれだけコストがかかるかなどの価値に関する計算は、自らの政治的姿勢を正当化する方便に過ぎないものということでした。未来の計算は、それが計算である以上、この「方便」の要素を必ず含むものなので、皆さんも、今後はどのような計算も簡単には信じないようにしてください。

そのうえで驚くべきことが二つあります。一つは、「分からないから改革しましょう」と「分からないから現状を維持しましょう」の対立であれば、普通は現状維持が圧勝するはずですが、それが極めて僅差であったことと、もう一つは極めて僅差ではありますが、この結果は五年間でほとんど変わらなかったことです。それぞれの意味をもう少し考えてみましょう。

「改革」に対して、「現状維持」のほうの支持が大きくなる傾向は、「現状維持バイアス」などと呼ばれることもあるようですが、人間にとっては「改革」のほうが不自然な行為ですから、私はむしろ「改革バイアス」と呼ぶほうがよいのではないかと思います。組織では、企業でも政府機関でも「改革」が合言葉のようになっていますが、家庭を「改革」しようという人はまずいないと思います。人間の日々の生活では、「変わらない」ことが最上の価値だからです。それは、「お変わりございませんか」という時候の挨拶からも明らかでしょう。

なぜなら、人間は生命体である以上、時間の経過に伴って、必ず「変わってしまう」ものだからです。その変化は、若いうちは「成長」と呼ばれますが、20代も半ばを過ぎれば「老化」になるので、人間はなんとかそれを見ないふりをして、本当は「変わっている」のに、「変わっていない」と思い込むことで、安心しようとしているのです。だから、「変わらないこと」が、日常生活では最上の価値になるわけです。

一方、組織は人間ではありませんので、意識的に変化させないと、変わることができません。有名な「ゆでガエルの原理」の比喩（水がじわじわ熱くなるとカエルはそれに気づかずに死んでしまうというたとえ）のように、組織には常に変化に抵抗する傾向があるので、必要がなくても危機感をあおって「改革」することが必要と考える人は多くいます。

また、それが本当に組織のためであればよいのですが、リーダーの権力を強化するために、不必要な改革を進めるリーダーが後を絶たないので注意が必要です。部下に改革を指示すれば、部下は外部ではなく、内部に目を向けることになりますから、それだけ統制しやすくなります。このことは、「大阪都構想」が、実は一種の権力闘争であったことからも、理解していただけるのではないでしょうか。

このように考えれば、単なる組織の論理にすぎない「改革」を、日常生活のレベルにまで持ち込んで、投票で決着をつけようとした「大阪都構想」は、本来「現状維持派」の圧勝に終わるべき問題のはずでした。それが、本当に僅差でしか勝利できなかったことは、「改革バイアス」が相当浸透してしまっているか、大阪市の現状がそれほど悲惨なものなのかのどちらかとしか考えられません。しかし、後者ではないことは、投票結果が出てからの大阪市民の平穏な生活を見れば明らかかと思います。

そうすると、「改革バイアス」は日本人の精神の相当深いところまで浸透してしまっていることになり、私はそこに強い危機感を持つと同時に、それでも二度とも僅差とはいえ現状維持派が勝利したことに、生命体としての人間の本質を感じるのです。問題がない限り、現状を維持することが、人間にとって、より根源的な価値であることは明らかかと思います。

参考文献

アーレント『人間の条件』講談社学術文庫（一九五八年）
アーレント『イェルサレムのアイヒマン―悪の陳腐さについての報告』みすず書房（一九六九年）
ウィトゲンシュタイン「草稿（一九一四-一九一六）」『ウィトゲンシュタイン全集第一巻』大修館書店（一九一四-一六年）
ウィトゲンシュタイン『論理哲学論考』岩波文庫（一九三三年）
ウィトゲンシュタイン『哲学探究』岩波書店（一九五三年）
ウェーバー『プロテスタンティズムの倫理と資本主義の精神』岩波文庫（一九二〇年）
カント『道徳形而上学の位置づけ』光文社古典新訳文庫（一七八五年）
グレーバー『価値論―人類学からの総合的視座の構築』以文社（二〇〇一年）
デューイ『民主主義と教育（上）、（下）』岩波文庫（一九一六年）
デューイ『経験と教育』講談社学術文庫（一九三八年）
ドゥルーズ『差異と反復（上）、（下）』河出文庫（一九六八年）
ニーチェ『権力への意志（上）、（下）』ちくま学芸文庫（一九〇一年）
バトラー『自分自身を説明すること―倫理的暴力の批判』月曜社（二〇〇五年）
ハーバーマス『コミュニケイション的行為の理論（上）、（下）』未来社（一九八一年）
フーコー『監獄の誕生―監視と処罰』新潮社（一九七五年）
フロイト「性格と肛門愛」『フロイト全集9』岩波書店（一九二五年）
マルクス『資本論』（全九冊）岩波文庫（一八六七年）

プラハラード・ラマスワミ『コ・イノベーション経営―価値共創の未来へ向けて』東洋経済新報社（二〇〇四年）
ルソー『社会契約論』光文社古典新訳文庫（一七六二年）
國部克彦・玉置久・菊池誠編『価値創造の考え方―期待を満足につなぐために』日本評論社（二〇二一年）
國部克彦・鶴田宏樹・祇園景子編『価値創造の教育―神戸大学バリュースクールの挑戦』神戸大学出版会（二〇二一年）
堀越寛「利益は残ったウンチにすぎない」『日経ビジネス』https://business.nikkei.com/atcl/report/15/269655/090100033/（二〇一七年）

＊年は原著の執筆もしくは出版年を示す。翻訳書が複数出ている場合もあるが、代表的なもののみ記載した。

國部克彦（こくぶ・かつひこ）

大阪市立大学商学部助手、講師、助教授を経て、1995年神戸大学経営学部助教授。2001年同大学院経営学研究科教授。現在に至る。大阪市立大学博士（経営学）。2020～22年神戸大学バリュースクール長。2014～16年、22年～同経営学研究科長・経営学部長。専門は、社会環境会計、経営倫理。主著（編著、共著を含む）に、『責任という倫理』（ミネルヴァ書房、2023年）、『AIによるESG評価』（同文舘、2023年）、『価値創造の考え方』（日本評論社、2021年）、『価値創造の教育』（神戸大学出版会、2021年）、*Sustainability Management and Business Strategy in Asia*（World Scientific、2020年）、『創発型責任経営』（日本経済新聞出版社、2019年）、『アカウンタビリティから経営倫理』（有斐閣、2017年）などがある。

VS Booklet 2

価値《かち》という思考《しこう》

2024年3月31日　第1刷発行

著者　國部克彦
発行　神戸大学出版会
〒657-8501　神戸市灘区六甲台町2-1
神戸大学附属図書館社会科学系図書館内
TEL. 078-803-7315　FAX. 078-803-7320
URL　https://www.org.kobe-u.ac.jp/kupress/

発売　神戸新聞総合出版センター
〒650-0044　神戸市中央区東川崎町1-5-7
TEL. 078-362-7140　FAX. 078-361-7552
URL　https://kobe-yomitai.jp/

企画・編集　神戸大学バリュースクール
装幀・組版　近藤聡（明後日デザイン制作所）
印刷　神戸新聞総合印刷

落丁・乱丁本はお取り替えいたします。

ISBN978-4-909364-25-8 C3037